RUBENS

LEO VAN PUYVELDE

RUBENS

MEDDENS

© 1977 : Les Ateliers d'Art Graphique Meddens s.a., Bruxelles
Dépôt légal n⁰ 111 – 3e trimestre – D/1977/0062/67
ISBN 2-87013/018-X

57

EN GUISE D'INTRODUCTION

LES CIRCONSTANCES HISTORIQUES

Le prodigieux épanouissement de la peinture dans les Pays-Bas méridionaux au xviie siècle est-il dû à la conjoncture politique et économique? On n'a pas manqué de le faire croire. Mais aucun rapport de cause à effet ne peut être établi sur ce point. On sortait d'une longue période de troubles et d'un état de guerre latent, qui allait durer jusqu'à la trêve de 1612 et se prolongea même au-delà. Les Hollandais, affranchis de l'Espagne, avaient formé la République des Pays-Bas septentrionaux et bloquaient l'Escaut. Le trafic maritime, qui auparavant avait fait d'Anvers un centre de commerce international, tombait en léthargie. Un peu d'importation et d'exportation se faisait par la route Gand-Lille et par le port de Dunkerque. Les maisons de commerce se fermaient une à une et l'industrie périclitait. L'arrivée des jeunes archiducs Albert et Isabelle, en 1599, avait fait naître des espoirs d'indépendance : s'ils avaient eu des enfants, un Etat des Provinces belgiques serait né et aurait pu vivre en paix. Mais ces espoirs furent déçus.

5

Les archiducs allaient se borner à exécuter les directives de la lointaine Espagne. Ils recueillaient une succession fort lourde et, malgré leur bonne volonté, ils n'étaient pas de taille à l'assumer convenablement. Ils devaient, au début, se défendre contre les Hollandais, devenus envahissants, puis essayer de procéder à une réorganisation économique. Mais les secours de la péninsule se faisaient toujours attendre et les troupes espagnoles vivaient en grande partie sur le pays. En 1621, l'archiduc Albert meurt sans héritier, et les Provinces belgiques reviennent à l'Espagne. En même temps, la Trêve de douze ans a pris fin et les Hollandais recommencent la guerre. L'archiduchesse Isabelle s'éteint en 1633, après avoir tenté, avec son conseiller privé, le peintre Rubens, de vaines démarches en vue de la paix. Celle-ci ne sera conclue que par le Traité de Westphalie, signé en 1648 à Münster : la Hollande obtiendra définitivement l'indépendance et la fermeture de l'Escaut sera approuvée. C'est la ruine du port d'Anvers.

Cependant, le Traité de Westphalie n'avait réglé que les relations entre la Hollande et l'Espagne. La guerre entre l'Espagne et la France se poursuivait, et ce sur le sol des Provinces belgiques convoitées par les deux pays. Le Traité des Pyrénées de 1659, qui morcela une partie de ces provinces, ne signifia qu'un moment de répit. L'état de guerre se prolongera pendant toute la seconde moitié du siècle, jusqu'à la Paix de Rijswijck, de 1697. Entre-temps les Pays-Bas méridionaux végètent sous la direction de gouverneurs généraux étrangers. La série noire n'est même pas finie au tournant du XVIIe au XVIIIe siècle : les armées françaises et espagnoles continuent à opérer, sauf dans le pays de Liège, sur le sol de la Belgique actuelle, jusqu'au Traité d'Utrecht de 1713, par lequel les Provinces méridionales des Pays-Bas passent à l'Autriche.

LE MÉTIER

Malgré cette situation malencontreuse de la politique et de l'économie, la peinture atteint à cette époque un haut degré de développement. Ceci va à l'encontre du principe, généralement encore admis, que l'art ne fleurit qu'en temps de paix et de prospérité. Il est vrai que les anciens Pays-Bas méridionaux vivaient en partie sur le capital acquis. Mais un autre phénomène peut expliquer cette efflorescence : la tradition de la bonne peinture.
Jamais il n'y eut pareille pléthore d'artistes possédant à fond leur métier. Ils profitaient de la tradition transmise dans les ateliers de génération en génération. Nous ne souscrivons pas au jugement qui prête aux Flamands le don inné de la peinture. Ailleurs, parlant des Primitifs flamands, nous nous sommes déjà inscrit en faux contre ce postulat, et nous avons tenté de démontrer que l'organisation des corporations des métiers veillait à la qualité du travail. La production artistique devait servir particulièrement à l'exportation et contribuer à l'enrichissement de la commune. Ces règlements étaient appliqués depuis plus de deux siècles. Il s'était établi ainsi une tradition de travail soigné, de connaissance des ressources du métier, qui se transmettait de génération

à génération. Sans doute, l'application des règlements se relâchait-elle au XVIIᵉ siècle. Mais il en subsistait une habitude essentielle : les jeunes gens, désireux de se consacrer à l'art, étaient tenus de faire leur apprentissage de quatre à cinq ans auprès d'un maître chevronné. Et c'était seulement lorsqu'ils avaient fait les preuves de leurs aptitudes qu'ils accédaient à la maîtrise, obtenant ainsi le droit de s'établir à leur propre compte. Ce mode d'éducation était salutaire. A notre époque qui, au rebours de Montaigne, préfère « les têtes pleines » aux « têtes bien faites » et impose à tous les enfants le même bagage vaguement encyclopédique, nous avons quelque peine à saisir les avantages que présentait le système d'alors. A peine l'adolescent avait-il appris à lire, écrire et calculer, qu'à l'âge de dix à douze ans il était placé chez un maître pour apprendre un métier. S'il avait le goût de la peinture, à cet âge particulièrement réceptif, il n'entendait plus parler que de ce qui l'intéressait, profitait de l'exemple et de l'enseignement d'un artiste éprouvé. Quoi d'étonnant dès lors que des artistes précoces, comme Van Dyck et Jordaens, aient produit à l'âge de seize ou dix-sept ans des œuvres qu'on peut compter parmi les meilleures de leur carrière? Nous comprenons par là que tant de peintres, formés de cette façon, soient parvenus à exécuter des tableaux de valeur, même lorsque l'esprit d'invention leur faisait défaut, et que les grands créateurs fussent si adroits qu'ils pouvaient reproduire leurs rêves audacieux comme par enchantement, avec la « furia del penello » dont parle Jean Bellori.

En plus, l'adjonction à la poudre de couleur de l'huile, rendue plus ductile encore par le mélange avec

I. Quatre aspects d'un nègre.
(Bruxelles, Musées Royaux des Beaux-Arts.)

de la térébenthine, contribuait pour une bonne part à une exécution rapide, qui permettait aux meilleurs peintres de traduire directement leur état d'âme au moment où le démon de l'art les avait saisis. Aucune contrainte matérielle ne limitait leurs efforts. Leur aisance nous confond. Ils étaient les précurseurs des quelques artistes non-figuratifs honnêtes de nos jours, qui, répondant aux injonctions de leur fantaisie et de leur sensibilité, dans le feu de l'improvisation, parviennent à garder leur ardeur jusqu'à la fin de l'exécution.

LES MÉCÈNES

Un autre phénomène aide à expliquer la grande production picturale : le nombre croissant de commandes. Elles proviennent, au début, du clergé. Pendant les troubles religieux de la seconde moitié du XVIe siècle, nombre de retables d'autel avaient été détruits. On les remplaçait à la fin du XVIe siècle et au début du XVIIe siècle par des constructions monumentales, où l'on réservait généralement un vaste espace pour un grand tableau décoratif.

L'intervention de mécènes et de collectionneurs offrira des débouchés encore plus étendus. Parmi les mécènes il faut mentionner avant tout les archiducs et les gouverneurs généraux, qui avaient leur cour à Bruxelles, les hommes de guerre qui y résidaient, puis le roi d'Espagne, la cour de France, celle d'Angleterre, les grands seigneurs, certains princes d'Allemagne.

Ils commandaient toutes sortes de tableaux en Flandre : des scènes de chasse ou des œuvres simplement décoratives pour l'ornementation des châteaux et palais, des projets de tapisserie et des peintures d'histoire, ainsi que des tableaux de cabinet.

Jusqu'alors la bourgeoisie collectionnait peu. C'est à peine si Charles van Mander dans son « Livre de la Peinture », rédigé à la fin du XVIe siècle et paru en 1604, mentionne quelques tableaux chez les amateurs. Au XVIIe siècle, les « cabinets d'amateur » se multiplient, surtout à Anvers, où de riches négociants, forts de leur capital acquis, parviennent à satisfaire un désir accru de rassembler des tableaux et des objets de curiosité. Dans leurs tendances entrait peut-être une part de spéculation. Alors, comme aujourd'hui, les hommes d'affaires se détournent des opérations peu rentables et risquées, pour placer leur argent en objets précieux, dont la valeur est susceptible d'augmenter. A Anvers se constituent ainsi, à cette époque, plusieurs cabinets où s'entassent tableaux, gravures, statues et statuettes de l'Antiquité et de la Renaissance, instruments scientifiques, bibelots exotiques. Bien des tableaux qui représentent de telles collections, réelles ou fictives, se sont conservés jusqu'à nos jours. Le plus important est *La collection de Corneille van der Geest,* dû à Guillaume van Haecht, actuellement à la collection de Mme Marie van Berg, de New York. Ce tableau, excellent, paraît bien donner une image caractéristique du grand cabinet d'amateur de cette époque. On y voit reproduites plusieurs peintures actuellement considérées comme des chefs-d'œuvre. Les Francken, particulièrement François Francken II, ont fixé le souvenir de collections semblables. Et plus tard, David Teniers II a rendu différents aspects de la collection du gouverneur général à Bruxelles, l'archiduc Léopold-Guillaume. L'ampleur de certaines collections d'Anvers est révélée par les inventaires de successions conservés aux Archives communales.

D'anciens documents permettent de juger de l'importance du commerce d'art à Anvers et de l'étendue des stocks des marchands d'art. Il suffit, pour le constater, de consulter les dossiers des notaires relatifs aux successions, ceux des faillites, et les livres de la Firme Forchoudt, aux Archives communales d'Anvers. Malheureusement les annotations succinctes des clercs de notaire et des marchands ne fournissent en général pas de données bien valables pour reconnaître les œuvres d'art dont il s'agit. Les attributions sont celles des héritiers ou des marchands et les indications et les mentions se limitent au titre du sujet.

LES ECLECTIQUES

Au tournant du siècle, les peintres traditionnels ralliaient les suffrages. Certains avaient hérité de l'élan qui avait été l'apanage de la Renaissance flamande, et produisaient des œuvres tantôt encore maniérées, tantôt plus sereines, mais toujours d'une exécution lente et soignée. Les plus doués furent Martin de Vos, d'Anvers, et Henri de Clerck, de Bruxelles; le premier continua de travailler jusqu'en 1603 et l'autre jusqu'en 1630. La plupart des artistes les plus prisés à Anvers suivaient l'ancienne tradition nationale, tout en s'appliquant à y introduire les principes de la composition italienne : ils se fourvoyaient dans un pâle académisme. C'est à eux qu'on s'adressait de préférence pour la confection de grands tableaux décoratifs à introduire dans les constructions monumentales autour et au-dessus des autels, qui devaient remplacer des retables détruits par les iconoclastes en 1566 et 1581-1582. D'aucuns avaient pris connaissance de l'art italien sur place, sans cependant le pénétrer ni le comprendre; pour la plupart, ils n'avaient eu de contact avec cet art que par l'intermédiaire de gravures. C'est peut-être en raison de cette tendance à imiter les Italiens que des érudits modernes les ont désignés sous le nom de Romanistes. Cette dénomination semble inadéquate. D'abord, ils n'imitent pas plus l'art romain que celui de Bologne ou de Parme. Ensuite, ce nom de Romanistes était réservé, à cette époque, à Anvers, aux seuls membres d'une confrérie mi-amicale, mi-religieuse, fondée en 1572, et qui groupait des gens ayant séjourné à Rome. Parmi eux, les artistes n'étaient pas nombreux : la confrérie se composait essentiellement de bourgeois riches, de savants, de philologues, d'écclésiastiques.

S'il fallait donner une étiquette à ces artistes secondaires, on pourrait leur appliquer celle d'éclectiques. Aucun d'eux ne possédait assez d'envergure pour conférer à une grande œuvre une ampleur suffisante. Ils restaient attachés à la manière des Primitifs, sans se souvenir de leur ferveur ni de leur attachement à l'expression directe, ni surtout de l'éclat de leur coloris. Leur souci se bornait à agrandir outre mesure des compositions petitement vues, et à y introduire quelque chose d'italien au moyen d'accessoires de style Renaissance et de draperies classiques dont ils affublaient les figures.

Parmi eux, on trouve trois membres de la famille Francken. D'abord Jérôme Francken l'Ancien, qui ne brille pas dans cette peinture pseudo-classique, alors qu'il est excellent dans la représentation, en petit format, de fêtes bourgeoises. Il en va de même de François Francken l'Ancien, qui se distingua dans des tableaux de format moyen pour cabinets d'amateur. Seul le frère cadet, Ambroise Francken l'Ancien, réussit dans le domaine décoratif; du moins sa composition est-elle vigoureuse et son coloris vif. Jean Snellinck suivra le mouvement jusqu'en 1628 et Martin Pepyn jusqu'en 1642.

C'est dans ce même groupe qu'il conviendrait de placer deux artistes qui ne doivent leur renommée qu'au hasard d'avoir été les « maîtres » de Rubens : Octave van Veen et Adam van Noort. « Maîtres » de Rubens est un grand mot. En fait, ils ne lui ont appris que les rudiments du métier : rien de leur art n'a visiblement passé dans celui de leur génial disciple.

Sur Octave van Veen, qui latinisa et transforma parfois son nom en Octavianus ou Otto Vaenius, les documents abondent, à la satisfaction des érudits modernes. Mérite-t-il l'auréole dont on le pare encore aujourd'hui? Il étudia en Italie et parvint à s'imprégner de la doctrine de la belle forme et de la composition régulière. Durant toute sa longue existence, il resta fidèle aux formules apprises. Il lui manqua la sincérité, qui est le don le plus pur des véritables artistes de Flandre. Il perdit jusqu'au sens flamand du coloris : dans la plupart de ses grands tableaux, on se heurte à des couleurs métalliques reprises à l'école de Parme.

Quant à Adam van Noort, dont seul le neveu de Rubens affirme que son oncle suivit l'enseignement, il n'eut d'autre titre de gloire. Il fit l'objet de nombreuses controverses et attributions, bien qu'on ne connût aucune œuvre signée de sa main ou authentifiée par un document. Jusqu'à 1928, son catalogue s'est constitué de la sorte. C'est seulement depuis lors qu'on a publié des œuvres signées par lui et qu'on a pu en conclure qu'il était un artiste suivant avec nonchalance le courant éclectique.

Mais nous reviendrons encore sur ces peintres, auxquels on pourrait joindre d'autres artistes, fort cotés de leur temps. Ainsi, Wenceslas Cobergher, qui se fit connaître comme économiste, architecte, homme de cour et peintre. Ses tableaux ne se distinguent en rien de ceux des autres éclectiques, parmi lesquels il s'était rangé de propos délibéré.

TROIS NOVATEURS

Trois artistes personnels et de talent travaillaient à Anvers et étaient en pleine possession de leurs moyens dans les dix premières années du xviie siècle : Jean Breughel l'Ancien, né en 1568, Henri van Baelen et Abraham Janssens, nés en 1575. Tous trois continuaient la tradition ancienne de la bonne peinture soignée, et aussi celle du coloris éclatant. Mais en même temps ils révélaient une personnalité marquée et ne craignaient pas de l'affirmer dans le coup de pinceau qu'ils laissaient visible.

Jean Breughel de Velours travaille à la manière des meilleurs paysagistes du XVIe siècle, mais avec une aisance et une rapidité qui lui permettent d'exprimer son émotion spontanément. Il annonce par là une évolution du style vers plus de liberté; en dépit des dimensions moyennes et, parfois même, très réduites de ses œuvres, sa conception s'élargit. Si, à cette époque, il indique encore les profondeurs par des tonalités trop claires qui contrastent avec le premier plan, la composition générale révèle une unité de vision, et il parvient à intégrer ses figures dans le paysage largement conçu.

Henri van Baelen peint des tableaux plus grands; mais ses figures mythologiques et religieuses, qu'il place dans des paysages moins vastes que ceux de Breughel, ne sont pas envisagées en fonction de l'ensemble, si bien qu'on les dirait introduites après coup dans le décor par un collaborateur. Pourtant, le seul mérite en revient à Van Baelen : elles sont savamment composées, élégantes, lumineuses, et par là son art se distingue de la production antérieure. Rappelons toutefois ici l'anecdote que Joachim von Sandrart rapporte à son sujet dans sa « Teutsche Akademie », publiée en 1675. L'auteur, peintre lui-même, avait fréquenté le milieu des artistes d'Anvers. Janssens, assure-t-il, s'estimait supérieur à Rubens parce que, lui-même, travaillait lentement et avec réflexion, d'après nature, tandis que Rubens peignait d'imagination et rapidement. Janssens aurait provoqué Rubens à un concours. Celui-ci aurait refusé de se soumettre à l'épreuve et revendiqué la liberté de peindre à sa guise.

L'AVÈNEMENT DE RUBENS

Les considérations précédentes peuvent contribuer à se rendre compte de l'activité et du succès des peintres flamands au XVIIᵉ siècle. Elles ne suffisent pas à expliquer l'essor prodigieux que prit alors leur art. Nous croyons à l'ascendant magnétique que peut exercer un génie sur une génération entière, par la nouveauté, la puissance et la splendeur de son œuvre. Rubens fut le chef incontesté des artistes qui l'environnaient et le suivaient. Non qu'il se fût senti la vocation d'un entraîneur ou d'un pédagogue. Pour autant que nous le sachions, c'était un travailleur assidu. Il ne fréquentait guère ses confrères, ne propageait pas ses conceptions nouvelles auprès d'eux. Il leur fut secourable – il sauva notamment Brouwer de la misère – et leur achetait de nombreux tableaux retrouvés à sa succession. Quant aux élèves, ce grand artiste était trop occupé à produire pour enseigner directement. Normalement il n'avait à son atelier que deux ou trois aides, qui lui préparaient les toiles, les couleurs, les palettes, les pinceaux. L'hypothèse d'un Rubens œuvrant avec une nuée d'élèves est dénuée de tout fondement sérieux. Ce qui est toutefois certain, et nous le dirons encore plus loin, c'est que ses œuvres furent une véritable révélation pour nombre de ses confrères anversois qui en tirèrent les leçons qui s'imposaient, de sorte que l'on peut dire que Rubens devint un véritable chef de file. C'est son génie qui donna son empreinte à la peinture flamande du XVIIᵉ siècle.

Le Baroque que Rubens inaugura dans les Pays-Bas méridionaux, tout en présentant des caractères spécifi-

18

1. La Chasse d'Atalante (toile, 115 × 171 cm)
Détail. *(Bruxelles, Musées Royaux des Beaux-Arts*

2. Adam et Eve chassés du Paradis (bois, 49 × 65 cm).
Esquisse *(Prague, Musée de l'Etat.)*

3. La Chute d'Icare (bois, 27 × 27 cm).
Esquisse. Détail *(Bruxelles, Musées Royaux des Beaux-Arts.)*

4. L'Adoration des Mages (toile, 328 × 249 cm).
Détail *(Anciennement : Coll. du Duc de Westminster. Actuellement : Cambridge, King's College.*

5. Paysage avec rafale (bois, 42 × 71,5 cm)
(Anciennement : Amsterdam, Coll. P. Cassirer.)

6. Le Général achéen Philopémon reconnu par une vieille femme (bois, 50 × 66 cm).
Détail de la nature morte *(Paris, Musée du Louvre.)*

ques, n'appartient pas au Baroquisme dont Eugenio d'Ors aimait à parler, mais au style qui apparut dans l'art italien pendant la seconde moitié du XVIᵉ siècle et se répandit en Europe durant le XVIIᵉ siècle. Il provenait partiellement d'un désir de révolte contre ce que l'art classique avait de trop raisonné, de trop figé. Il n'était cependant pas exclusivement négatif. C'était une affirmation toute nouvelle de l'intense vitalité que les esprits les plus forts ressentaient en eux. Pour semblables tempéraments, l'art n'est pas une imitation directe de ce qu'ils perçoivent dans la réalité. Pour ceux-ci, c'est une création surgie des tréfonds d'eux-mêmes. C'est le cas lorsqu'ils représentent des chasses ou des paysages et même s'ils ne produisent que des natures mortes, où ils expriment leur rêve, leur paix de l'âme, leur enthousiasme devant les choses contemplées en silence : fleurs, fruits, victuailles, jusqu'aux ustensiles. Nous n'irons pas jusqu'à prétendre que leurs créations sortent telles quelles de leur subconscience. Mais dans celle-ci s'est emmagasiné un trésor d'impressions venues des sens et de la vie intime ; au moment de grâce où les artistes vivent intensément, des formes en affleurent à la conscience, elles s'y meuvent, s'éliminent, se compénètrent, se transforment sous la direction de l'imagination créatrice et aussi de l'intelligence, qui fait se combiner le tout en un ordre presque organique. De ce processus de création, nous avons un exemple fort instructif dans les dessins de composition de Van Dyck. A ses débuts, cet artiste avait de la peine à trouver la façon de grouper les figures dans une composition. Il fit plusieurs essais pour *L'arrestation du Christ*. Ils sont différents. Des savants s'évertuent à les classer dans un ordre chronologique en plaçant les meilleurs à la suite de ceux qu'ils considèrent comme moins bons. C'est là un travail qui nous semble vain et quelque peu naïf. De moins bons dessins peuvent avoir été exécutés par l'artiste en vue de trouver une combinaison de formes autre que celle qu'il avait déjà produite et qui était meilleure. Ce qui importe, c'est de constater la peine que cet artiste dut se donner, dans sa jeunesse, pour trouver la forme d'une combinaison que son imagination n'avait pas su concevoir avec clarté.

L'essentiel pour ceux qui désirent comprendre les maîtres flamands du xviie siècle, est de savoir entrer dans le monde créé par eux, monde différent de celui dans lequel nous vivons, monde imaginaire ayant ses lois propres et son atmosphère particulière. Le Titien et le Tintoret l'avaient déjà évoqué. Mais Martin de Vos, qui avait travaillé à l'atelier du Tintoret – et y peignait probablement des paysages dans les tableaux du maître – n'a rien compris à l'abandon de l'artiste à son imagination : tout le fruit qu'il en récolta se résume en quelques tonalités nouvelles et en une exécution rapide; et encore ces traits s'émoussèrent-ils bien vite au cours de sa carrière aux Pays-Bas. Rubens, le premier, saisit pleinement la valeur picturale des Vénitiens.

Une optique nouvelle va changer fondamentalement la composition du tableau. La manière ancienne était issue de la façon dont on observe habituellement les choses dans la réalité: l'œil est dirigé d'emblée vers ce qui intéresse le plus; il prend cet objet au centre visuel, l'artiste consciencieux, travaillant lentement, aura tendance à placer cet objet au milieu de sa composition.

C'est ainsi que procédaient les Primitifs et les Renaissants. Mais l'artiste baroque, qui désire répondre à l'élan vital, répudie cette optique, qui est celle d'un esprit posé. Il refuse cette stabilité, ce balancement équilibré, cet agencement établi sur la verticale, l'horizontale, le triangle, le cercle et le demi-cercle. Ce qui lui convient le mieux, c'est la diagonale qui suggère l'élan, et même la spirale, signe de propulsion.

Comme nous l'avons déjà fait observer, la couleur à l'huile, rendue plus fluide grâce au mélange de térébenthine, favorise une exécution plus souple. La forme ne se détache plus de son milieu ambiant, on n'en délimite plus la silhouette par une ligne ou la rencontre nette de deux tons. On la neutralise par un léger halo. Les formes se fondent dans l'atmosphère, les figures glissent les unes derrières les autres, passent imperceptiblement dans divers plans, en largeur et en profondeur. Rien n'arrête plus le mouvement général, dont le rythme obéit à une ligne de force. Une comparaison avec la photographie mécanique fera saisir la valeur de ce mouvement vital dans la peinture. L'effet de la lumière traversant la lentille et impressionnant l'émulsion de la pellicule ne parvient à reproduire qu'un seul aspect du mouvement. Or celui-ci est une suite ininterrompue d'attitudes. Le cinéma au ralenti nous l'a appris. L'esprit de l'artiste saisit ces aspects successifs et les condense en une seule image, qui porte en soi les attitudes précédentes et les suivantes : il conçoit une image synthétique.

Dans cette peinture dynamique, le coloris est d'une importance capitale. On l'oublie trop. A cet égard, un jugement de valeur ne peut se fonder sur la seule composition, telle qu'elle apparaît dans les reproductions en noir et blanc, avec les seuls jeux de lumière et d'ombre. Les tons, ainsi que les nuances subtiles collaborent intensément à traduire la vision intérieure des artistes du xviiᵉ siècle.

La rapidité de l'exécution contribuait à son tour à l'expression spontanée du génie créateur. Sous la tension nerveuse, le pinceau fait des traits, esquisse des touches, plaque des virgules et des points, frotte un mince film de couleur transparente ou étend une plaque de couleur couvrante; il joue tantôt ici, tantôt là sur la surface, cédant prestement à cette frénésie de travail qu'on appelle l'inspiration. Les retardataires endoctrinés dédaignaient semblable peinture, qui leur paraissait trop négligée. Cependant, cette facture fébrile est l'instrument de la liberté d'expression directe, que revendiquaient les peintres baroques.

Rubens avait des antennes très sensibles. Il était apte à saisir l'esprit de son temps. Il appartenait à l'époque où l'on entrevit la continuité dans l'univers, où l'on commençait à comprendre que rien ne se détruit, que tout se transforme sans cesse et tend vers l'unité. C'est l'heure de Galilée, qui affirma l'interdépendance des astres, de Newton, qui trouva les lois de la gravitation universelle, de Leeuwenhoek, qui découvrit celles de la vie des infiniment petits, de Harvey, qui expliqua le mécanisme de la circulation du sang. Rubens lui-même s'intéressa au mouvement perpétuel : nous le savons par sa correspondance avec le savant Peiresc, dont la curiosité intellectuelle n'avait pas de bornes. Il comprit par quels moyens la peinture pouvait exprimer les conceptions nouvelles. Son séjour de huit années en

Italie ne lui avait pas servi exclusivement à se tailler une réputation dans la péninsule. Il en avait profité aussi pour apprendre les différentes manières des meilleurs artistes, surtout celles des premiers et excellents peintres baroques, le Titien et le Tintoret. Cela ne signifie pas qu'il introduisit, comme d'aucuns continuent à le croire, le Baroque personnel, mieux adapté à son temps, et qui serait admis comme un Baroque nordique par des générations entières. Il comprit que la peinture renouvelée, avec tous les moyens qui se trouvaient à sa disposition, était apte à exprimer les tendances des temps modernes et qu'elle pouvait évoquer un espace illimité et le remplir de vie. Il lui fallait pour cela se débarrasser de toute entrave, abandonner l'idée que la peinture est un art d'imitation, céder aux pressantes sollicitations de son imagination et, dans l'exécution, suivre les décharges de son système nerveux. Sa vision était cosmique. Et son art dynamique y répondait. Cet art devint bien vite le catalyseur des tendances de l'époque.

Le premier apport essentiel de l'art de Rubens est l'expression de la vitalité. La peinture cesse d'être un travail d'analyse et de reproduction méticuleuse. L'artiste est en transes lorsqu'il se met à l'œuvre, il se sert d'une manière ductile et d'un pinceau souple pour répondre à son émotion. Il renonce à la composition géométrique, impose le rythme d'une ligne de force à travers le groupement, fait se mouvoir les formes en tous sens, aussi bien en avant qu'en arrière, à gauche et à droite, et crée de multiples directions diagonales.

Un second élément caractéristique de l'art de Rubens, c'est la diversité du coloris. Sauf dans les grands tableaux, appelés à produire un effet décoratif, les larges tons pleins sont abandonnés. Ils font place à une multitude de tonalités nuancées, vibrantes, qui produisent sur la rétine du spectateur l'impression d'un intense frémissement de vie.

Enfin, Rubens introduit le principe de synthèse dans la conception artistique. Les peintres de figures commencent à estomper les contours, à fondre les silhouettes dans l'atmosphère, à relier les plans par des teintes subtiles. Dans ses paysages, il n'analyse plus un arbre en ses divers éléments et n'indique plus le feuillage par des touches marquant les feuilles. L'arbre est vu dans sa totalité; sa forme se résoud dans l'ensemble du paysage.

Rien n'est plus instructif pour démontrer l'ascendant qu'exercent les premières grandes peintures de Rubens sur les meilleurs artistes d'Anvers, que l'exemple de Snyders, cet excellent peintre de natures mortes. Dans la première décennie du xviie siècle, plusieurs maîtres, bons connaisseurs du métier, tels Osias Beert et d'autres, continuaient d'étaler dans leurs natures mortes les objets séparés, sans grand souci de la composition. Snyders fut le premier à changer la composition du tout au tout. Il fut touché par l'art de Rubens, ainsi que les meilleurs peintres de son siècle.

LE GÉNIE
DE PIERRE-PAUL RUBENS

SA VIE

Les biographies de Rubens sont généralement nourries d'une grande part de légendes et de conjectures, aussi négligerons-nous délibérément les éléments incertains, nous réservant de n'insister que sur ceux qui importent pour la connaissance de l'art du peintre.

Dès lors il nous a paru inutile et fastidieux de suivre tous les avatars d'une existence d'artiste, car l'œuvre n'est pas nécessairement influencée par les vicissitudes de la vie extérieure. Si Rubens souffrit cruellement de la mort de sa première épouse – les émouvantes pensées qu'il écrivit à ce propos en témoignent à suffisance – nulle trace de tristesse n'apparaît cependant dans la production qu'il nous laissa de ces années. En réalité, les grands artistes sont habités par un *daimôn* qui est leur génie et c'est leur vie intérieure qui importe pour l'art. Pour suivre la vie extérieure de Rubens, nous dirons que c'est à Siegen qu'il vit le jour. Quant à la date de sa naissance, nous n'avons d'autre indication précise que le portrait gravé de l'artiste, édité par Jean Meyssens, portant la mention : le 28 juin 1577. Encore qu'il n'y ait point lieu de la mettre expressément en doute, cette date n'est pas absolument certaine, car Jean Meyssens, d'Anvers, n'édita cette gravure qu'en 1649, soit neuf ans après la mort du peintre.

En 1578, sa famille vint s'établir à Cologne. C'est donc dans cette ville que l'enfant habita jusqu'à sa dixième année, puisque c'est à Cologne que son père mourut, en 1587, année où sa mère sollicita un passeport, vraisemblablement dans l'intention de retourner à Anvers. C'est en cette ville qu'habitait la famille du peintre et nous y retrouvons, d'ailleurs, les Rubens définitivement installés en février 1589.

A l'âge de douze ans, l'enfant y fut mis à l'école latine chez un excellent maître, Rombaut Verdonck, près du cimetière Notre-Dame. Rubens ne put toutefois profiter longtemps de cet enseignement, sa mère n'ayant plus les moyens de faire face aux dépenses que nécessitaient l'entretien et l'éducation de ses enfants. Philippe, le frère aîné du peintre, trouva à Rome un emploi de bibliothécaire privé, tandis que le jeune Pierre-Paul était placé comme page chez un membre de la noblesse, la comtesse Marguerite de Ligne-d'Arenberg, veuve de Philippe comte de Lalaing. L'enfant ne résida vraisemblablement chez elle que quelques mois, tout au plus depuis l'époque du mariage de sa sœur, à la fin de l'année 1590, jusqu'au moment où sa mère le plaça comme apprenti chez un peintre anversois.

L'entrée à l'atelier du peintre Tobie Verhaecht n'est mentionnée que dans une inscription sur le portrait gravé de cet artiste, également édité par Jean Meyssens, ainsi que dans la « Teutsche Akademie » de Joachim von Sandrart. Nous n'en savons pas plus et nous ne disposons d'aucune date. Par contre le neveu de Rubens, auquel nous devons maint détail sur la vie de l'artiste, ainsi que Roger de Piles qui lui emboîte généralement le pas, ne signalent que deux maîtres de Rubens :

7. Le Général achéen Philopémon reconnu par une vieille femme (bois, 50 × 66 cm).
Détail de la nature morte *(Paris, Musée du Louvre.)*

9. Adam et Ève (toile, 237 × 184 cm)
(Madrid, Musée du Prado.)

Le petit Jugement Dernier (bois, 183,5 × 119 cm).
étail *(Munich, Pinacothèque.)*

10. Le Combat des Amazones (bois, 121 × 166 cm).
Détail *(Munich, Pinacothèque.)*

12. Bacchanale avec Ariane (toile, 200 × 205 cm).
(Stockholm, Musée National).

Arbre renversé. Dessin (papier, 58,2 × 48,9 cm).
aris, Musée du Louvre.)

La Vierge avec sainte Apolline,
nte Barbe et sainte Marguerite (toile, 259 × 214 cm).

III. L'Enfant prodigue. Partie droite.
(Anvers, Musée Royal des Beaux-Arts.)

Adam van Noort et Octave van Veen. Ils ne mentionnent pas Verhaecht et ne précisent pas le moment où le jeune Rubens fit ses débuts dans les deux ateliers.

C'est en 1598, à l'âge de vingt-et-un ans, qu'il est admis au titre de maître à la corporation des artistes d'Anvers. Cette inscription figure aux registres de cette corporation; à partir de ce moment l'artiste est autorisé à vendre officiellement ses œuvres en toute liberté. Il le fit durant deux ans, puis, en 1600, il se fit délivrer un certificat de bonnes mœurs et de bonne santé – conservé dans les archives anversoises – et partit pour l'Italie. Dès le début du séjour dans la péninsule, nous voyons Rubens établi comme peintre à la cour de Mantoue, fonction qu'il assumera jusqu'à la fin de son séjour en Italie. Ceci contredit les historiens – même anciens – qui prétendent que ce séjour avait pour but de parfaire son éducation artistique par l'étude des Antiques et des peintres italiens. Pareille affirmation toute gratuite, mais généralement admise, ne fausse-t-elle pas la réalité historique?

A ce moment, Rubens a vingt-trois ans. Deux ans plus tôt, en 1598, il avait acquis la maîtrise et, en ce temps, cela constituait le terme de l'éducation, après quoi l'artiste était considéré comme étant en pleine possession de son métier.

Nous croyons donc plutôt que Rubens partit pour l'Italie dans le but d'y faire carrière. D'ailleurs dès son arrivée dans la péninsule, il accepta la première situation qui lui était offerte : celle de peintre officiel à la cour de Vincent de Gonzague, duc de Mantoue, ami du faste et amateur d'art. On sait ce que comportait pareille charge : exécuter des portraits du prince et de sa famille destinés aux cours étrangères, présider à la décoration du palais, copier les œuvres renommées et, ici plus spécialement, compléter la collection des beautés féminines que le prince s'efforçait de rassembler dans sa galerie.

Pour avoir été accepté d'emblée en qualité de peintre officiel par un prince ambitieux et connaisseur, Rubens devait jouir déjà de la plus flatteuse réputation. Pour être envoyé, en 1603, comme représentant du duc de Mantoue à la cour de Madrid, dont ce prince intrigant sollicitait la faveur, l'artiste devait avoir révélé une personnalité plus que prometteuse et fait preuve de qualités éminentes. La correspondance entre Rubens et le secrétaire du prince au sujet de cette délégation en Espagne nous découvre d'ailleurs la conscience que l'artiste avait de sa valeur et la fermeté foncière de son caractère.

Rubens fit également deux séjours relativement prolongés à Rome : le premier de juillet 1601 à avril 1602, le second du 11 février 1606 jusqu'au moment où il quitta définitivement la péninsule pour rentrer à Anvers à la fin de l'année 1608.

En ce qui concerne le premier séjour, nous savons qu'au mois de janvier 1602 il avait terminé et fait placer les trois tableaux commandés pour l'église Santa Croce, qui ont fini par échouer à l'hôpital de Grasse-lez-Cannes. Il s'agit de *L'exaltation de la Croix par sainte Hélène*, du *Couronnement d'épines* et de *L'érection de la croix*. Pour ce qui est de la mission en Espagne, il s'agissait en tout premier lieu de convoyer une cargaison d'œuvres d'art destinées au roi d'Espagne. L'artiste partit le 5 mars 1603, passa par Florence et Pise, s'embarqua à

Livourne, arriva à Alicante et resta en Espagne durant tout l'été. Il y restaura les tableaux endommagés par le voyage, ajouta au lot quelques toiles de sa main et exécuta, à la cour de Madrid, plusieurs œuvres nouvelles. Nous retrouvons Rubens à Mantoue dès le début de l'année 1604 et jusqu'en novembre 1605. C'est pendant cette période qu'il exécuta son grand tableau *La sainte Trinité adorée par Vincent de Gonzague et sa famille*, enlevé en 1797 par les Français et divisé en plusieurs parties. Ce tableau décorait l'église des jésuites à Mantoue, ainsi que deux autres tableaux : *La transfiguration*, transportée au musée de Nancy, et *Le baptême du Christ*, maintenant au Musée d'Anvers.

Au sujet du séjour de l'artiste à Gênes, nous sommes mal renseignés. Nous savons qu'en 1605 il peignit en cette ville le portrait du banquier du duc de Mantoue. Il y exécuta aussi le *Portrait de Brigitte Spinola*, qui est signé et daté de 1606.

Nous avons dit plus haut que Rubens obtint du duc de Mantoue une seconde mission à Rome, mais on ignore quand il se mit en route. Tout ce qu'on sait par une lettre du peintre, c'est qu'il s'y trouvait à la date du 11 février 1606. Il ne s'inscrit pas parmi les artistes, pas même parmi les Flamands, qu'il juge trop bohèmes, mais il fréquente les cercles d'archéologues et prend force notes sur les antiquités qu'il rencontre. Pour son frère Philippe, bibliothécaire du cardinal Ascanio Colonna et ancien élève de Juste Lipse à Louvain, Rubens fit des dessins d'après des statues antiques. Quelques-uns furent publiés en gravure par Philippe Rubens dans un ouvrage : « Electorum Libri II », paru à Anvers en 1608.

Le 2 septembre 1607, Rubens mande à son maître que les 140 couronnes qu'il reçoit de lui, d'ailleurs irrégulièrement, ne suffisent nullement à ses besoins, qu'il se trouve dans la nécessité d'exécuter d'autres travaux pour compléter ses ressources et que son ambition le pousse à profiter d'une occasion d'étendre à Rome son renom : les prêtres de l'Oratoire lui avaient passé commande d'un grand tableau d'autel pour leur nouvelle église Santa Maria in Vallicella. C'est *La Vierge vénérée par des anges et des saints,* actuellement au musée de Grenoble. L'œuvre fut refusée et Rubens recommença le tableau, mais cette fois en trois parties : le centre se trouve toujours au maître-autel de Santa Maria in Vallicella et les volets sont encastrés dans les murs.

En octobre 1608 parviennent au peintre des nouvelles alarmantes au sujet de la santé de sa mère. Précédemment, il avait déjà fait savoir à son frère Philippe qu'il songeait à retourner à Anvers. Cette fois sa décision est prise. Il se met en route sans même prendre congé du duc de Mantoue. C'est par une lettre du 28 octobre 1608 qu'il lui annoncera son départ précipité et s'en excusera en lui en exposant les motifs.

Son arrivée à Anvers se situe entre le 28 octobre et le 11 décembre 1608. Sa mère était morte le 15 novembre, et c'est dans la maison maternelle qu'il commença à travailler. Dès le début il eut des protecteurs influents, qui essayèrent de le retenir à Anvers : outre l'archiduc Albert, gouverneur général des Pays-Bas, qui lui avait déjà passé des commandes à Rome, le bourgmestre Nicolas Rockox et le grand marchand et collectionneur Corneille van der Geest, qui lui faisaient exécuter des œuvres pour l'hôtel de ville et pour les églises. Puis, un an après son retour, il épouse Isabelle Brant, fille de l'humaniste Jean Brant, avocat réputé. Et il décide de rester à Anvers. Coup sur coup il produit des œuvres d'envergure, où il désire montrer tout le parti qu'il a tiré de son expérience cosmopolite, avec toutes les ressources inédites qu'elle implique.

C'est d'abord, en 1609, *L'adoration des mages*, de Madrid. Par la suite, à Madrid, l'artiste dut élargir considérablement l'œuvre vers la droite. La composition initiale est très baroque, avec une ligne de force oblique, et une tonalité très vigoureuse où les couleurs claires et sombres s'opposent. Ces couleurs s'équilibrent cependant et produisent une composition unie, serrée entre les courbes de la Vierge d'un côté et les porteurs de présents de l'autre. L'esquisse du musée provincial de Groningue, que l'artiste dut soumettre à l'approbation des édiles d'Anvers avant la signature du contrat, montre encore plus nettement d'un côté la volonté d'infuser un sang frais à la peinture flamande et, d'un autre côté, celle de faire obéir son pinceau rapide aux décharges de ses nerfs.

De la même année date le *Portrait de Rubens et d'Isabelle Brant*, de la Pinacothèque de Munich. Il semble être peint en souvenir du mariage de l'artiste, qui eut lieu le 3 octobre 1609 : les personnages portent leurs plus beaux atours, se donnent la main, et la charmille, qui les abrite, a les couleurs de l'automne. Une fois de plus on remarque ici la nouveauté de la conception picturale. L'auteur place les deux figures sur des plans différents en hauteur et en profondeur, et il accorde des tons solides à l'évocation de son bonheur intime.

De la même année encore pourrait être *L'adoration des*

bergers, de l'église Saint-Paul, d'Anvers. Jacques de Wit, le peintre-chroniqueur du XVIIIe siècle, mentionne ce tableau comme étant une œuvre de Rubens; il suit probablement une tradition courante. Un érudit n'accepta pas l'attribution que nous avons jadis longuement défendue. Il a déclaré, dans une conférence publique, connaître des documents qui contredisent cette attribution, sans cependant les mentionner.

Mais ce tableau, d'ordinaire exposé très haut, a-t-il eu, comme nous, l'occasion de le voir décroché et de l'examiner à fond? C'est une répétition, agrandie, du tableau que l'artiste avait exécuté pour les Pères de l'Oratoire à Fermo. Sans doute Rubens a-t-il voulu montrer ainsi qu'il connaissait la manière de peindre du Caravage, dont la renommée était parvenue jusqu'à Anvers. Mais, à l'encontre de ce qu'il avait fait à Fermo, où les tons restent dans une gamme sombre, l'artiste, travaillant de nouveau dans son pays, où la vivacité des couleurs est appréciée, multiplie les tons forts et les tonalités nuancées. Il se sert de l'opposition de couleurs complémentaires, qui se font valoir mutuellement, comme le rouge sang de bœuf dans la draperie du jeune berger et le vert du manteau de la vieille bergère; des passages du bleu clair à du rose donnent une teinte violacée sur les genoux de la Vierge. Des ombres brunes sont rendues incandescentes par des touches de vermillon. La facture aussi est plus vigoureuse que dans les grandes œuvres des éclectiques, qui étaient à l'honneur autour de Rubens. Il n'y a pas de vrais empâtements, mais des touches mises avec assurance. Les paupières sont cernées de traits rouges, des taches rouges vivifient les articulations des doigts, lèvres et oreilles, et des touches noires sculptent le visage de la vieille bergère. Des virgules, encore une fois rouges, marquent les coins des yeux. Ce sont là des signes que le tableau n'a pas été exécuté en Italie, comme celui de Fermo, où les bruns lourds dominent, où le rouge du manteau du jeune berger est fait de vermillon et de laque, où le manteau de la Vierge est bleu foncé, et les visages ternes. Et la preuve la plus sûre qu'il fut exécuté en Flandre, c'est qu'il est peint sur une toile à texture fine de Courtrai. J.-B. Descamps, le voyageur parisien du xviiie siècle, qui prenait ses notes à la légère, prétendait y voir la couleur de Théodore van Loon, alors que G.-P. Mensaert, écrivain de Bruxelles, avait noté « une pièce de grande étendue peinte par Rubens avec beaucoup de force et d'un grand goût ».

L'artiste, encore hésitant sur la façon de s'y prendre pour s'imposer, tente autre chose : il évite de faire étalage de son acquis italien, choisit une échelle de couleurs claires et veille à lisser sa peinture; en fait, il montre qu'il sait peindre comme Abraham Janssens. Témoin, *La mort d'Argus,* du musée de Cologne, exécutée en 1610 : ce doit être le *Junon et Argus,* dont Rubens annonce la vente prochaine dans une lettre du 11 mai 1611 au graveur Jacques de Bie. Ici, hormis quelques rappels de l'art italien, comme l'ensemble de la composition qui fait penser à celle d'une gravure de Mantegna, et les ombres brunes dans les carnations, nous sommes frappés par la clarté des chairs de la déesse, de ses nymphes et des petits génies, et par la manière soigneuse d'appliquer les couleurs et de glacer à la façon traditionnelle. Rubens aurait-il accepté cette fois de se mesurer avec Abraham Janssens? Nous avons vu semblable facture dans un *Portrait de la femme de Jean Breughel de Velours*, daté de 1610 qui se trouvait en 1930 à la Galerie Matthiesen, de Berlin.

Mais voilà que dans deux grands retables successifs, Rubens trouve une formule que les peintres éclectiques avaient vainement cherchée : la peinture décorative adaptée aux véritables monuments d'architecture et de sculpture par lesquels on remplaçait les retables d'autels. Ces constructions de marbres divers se composaient de soubassements, de colonnes et de pilastres, de statues et d'ornementations sculptées; elles montaient parfois jusqu'aux voûtes des églises gothiques.

Dès 1610, Rubens est sollicité par ses protecteurs Nicolas Rockox et Corneille de Geest à peindre de grands tableaux pour pareils monuments et du coup son style marque un revirement complet. Ce sont *L'érection de la croix* et *La descente de croix*, dont la splendeur remplit actuellement les deux bras du transept de la cathédrale d'Anvers. Ces œuvres présentent chacune un intérêt historique, il est utile d'en fixer les dates et d'en analyser la manière.

L'érection de la croix fut exécutée pour le maître-autel de Sainte-Walburge, d'Anvers. Le contrat de livraison fut signé en juin 1610 par l'artiste et le mécène Corneille van der Geest, marguillier de cette église. Le dernier versement du paiement ayant été effectué le 1er octobre 1613, on en déduit généralement que le peintre aurait mis plus de trois ans à achever l'œuvre. Cette assertion rallie les tenants de la thèse selon laquelle Rubens aurait travaillé longtemps à ses tableaux de grandes dimensions. Mais elle ne résiste pas à l'examen. A cette époque, l'artiste ne disposait pas d'un grand atelier; il

54

14. L'Enlèvement des filles de Leucippe (toile, 222 × 209 cm). Détail. *(Munich, Pinacothèque.)*

16. Portrait de femme (bois, 58.5 × 43 cm).
(Londres, Coll. M.M.-B. Asscher.)

. Le Martyre de sainte Ursule (bois, 49 × 39 cm).
quisse. Détail. *(Bruxelles, Musées Royaux des Beaux-Arts.)*

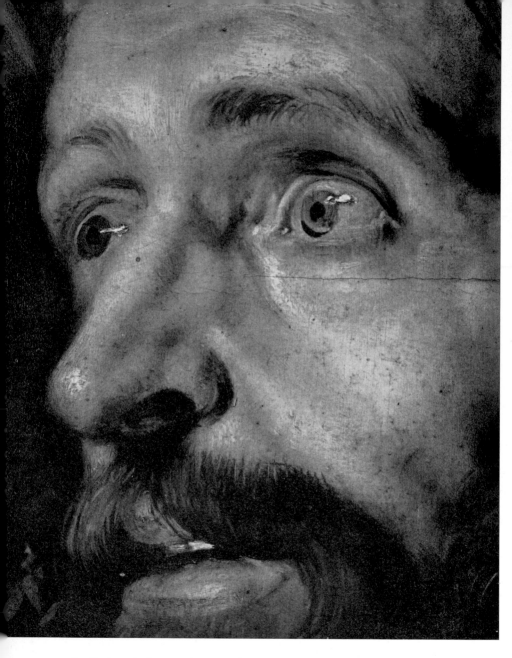

17. Le Christ et la femme adultère (bois, 143,5 × 194 cm).
Détail. *(Bruxelles, Musées Royaux des Beaux-Arts.)*

18. Portrait de jeune peintre (toile, 77 × 61 cm)
(Philadelphie, Coll. J.-G. Johnson, Musée de Pennsylvani

L'Adoration des bergers
ile, 401 × 294,5 cm).
tail. *(Anvers, Eglise Saint-Paul.)*

20. L'Adoration des bergers (toile, 401 × 294,5 cm).
Détail. *(Anvers, Eglise Saint-Paul).*

travaillait à ce retable dans l'église même : les dossiers de Sainte-Walburge portent mention d'un paiement fait aux ouvriers de l'amiral du port d'Anvers pour avoir tendu, devant l'autel, un prélart à l'abri duquel le peintre pouvait œuvrer à son aise; ce paiement eut lieu en 1610. Ensuite, une fois le tableau placé, on jugea utile de le consolider : on appliqua une armature de fer derrière les grosses planches dont le centre du triptyque est composé; le paiement en est consigné dans les comptes de l'église allant du 1er octobre 1611 au 1er octobre 1613. On peut en conclure que l'exécution de ce grand triptyque eut lieu au cours de l'été 1610.

L'immense triptyque dut faire sensation. Tout d'un coup, on se trouvait devant une œuvre qui sortait délibérément des sentiers battus, et d'une puissance supérieure à *L'adoration des bergers,* dont nous venons de parler et qui, au fond, n'était qu'une tentative pour égaler le Caravage. Maintenant il s'agissait d'un morceau de bravoure, où un artiste donnait libre cours à sa vitalité. Un mouvement impétueux traverse la composition en diagonale de gauche à droite et de bas en haut. Il suit la croix soulevée à laquelle pend le corps du Christ. Ce rythme est marqué par quelques arrêts, d'où il repart avec plus de vigueur. Il est amplifié par des formes larges et des directions nouvelles sur les volets. Le coloris le soutient mais sans les tons vifs auxquels on se serait attendu. On en viendrait même à douter que l'artiste eût mis ici sur sa palette les couleurs fondamentales, si l'on ne trouvait une tache rouge dans le vêtement de l'homme au turban, une note bleue dans la draperie aux hanches du géant en bas à droite. Le peintre s'est servi surtout de blanc, de noir et de brun. Seulement, quelle gamme de tonalités secondaires ! Rubens n'a pas besoin de beaucoup de variétés de couleurs pour évoquer tout ce qu'il veut suggérer. Il suffit d'examiner de près comment il modèle la tête du Christ et exprime sa douleur : quelques frottis de fond en couleur brun châtaigne et quelques traits dans le même ton indiquent la barbe, la chevelure et la couronne d'épines, une teinte cireuse forme les parties les plus éclairées du visage, des touches de tonalités diverses de brun marquent la joue gauche, une partie de la joue droite, la lèvre inférieure, l'aile gauche du nez, la cavité des yeux; en outre, deux taches noires pour les pupilles : voilà ce qui suffit au peintre pour représenter le visage douloureux et suppliant du Christ, le visage le plus impressionnant qu'il ait jamais peint. Lorsqu'il entreprit cet énorme triptyque, il avait encore l'habitude de faire des études préparatoires, et l'on a retrouvé plusieurs dessins intéressants, qui lui ont servi d'exercice de pensée plastique. Mais dès qu'il se met à peindre, il se livre à sa véhémence expressive et entre en plein dans le monde baroque. Il manie le pinceau en prestidigitateur.

Cependant il maîtrise ses talents. Dans une seconde entreprise semblable, *La descente de croix* de la cathédrale d'Anvers, il s'exprime avec plus de réserve, et le fait mérite qu'on s'y arrête. Il est utile de préciser la date d'exécution de ce tableau. Elle peut se déduire des comptes de la gilde des Arquebusiers d'Anvers. Ce sont ceux-ci qui ont commandé le triptyque pour leur chapelle dans la cathédrale. Leurs comptes sont conservés aux Archives communales. Les textes n'en furent pas toujours exactement reproduits ni interprétés. En voici la substance. Le travail fut confié à Rubens dans une séance tenue par la gilde en son local, le 7 septembre 1611; à cette séance assistaient Rubens et son protecteur le bourgmestre Nicolas Rockox, chef de la gilde. Encore en 1611, des dépenses sont inscrites pour trois visites des préposés de la gilde à l'atelier du peintre en vue d'examiner, dit-on, si les panneaux sont de bonne qualité. Le 12 septembre 1612, le panneau central est terminé : des entrepreneurs et des ouvriers sont payés ce jour pour descendre le lourd panneau du grenier (« solder ») au rez-de-chaussée (« in den vloer ») de la maison où habitait Rubens : rappelons que l'artiste travaillait au grenier de la demeure de son beau-père, l'avocat Jean Brant. Ces entrepreneurs et ouvriers furent également indemnisés le même jour pour la livraison du tableau à la chapelle des Arquebusiers, dans la cathédrale. Le panneau central fut donc exécuté à la fin de 1611 et dans la première moitié de 1612.

Les volets, représentant à l'intérieur *La présentation de Jésus au temple* et *La visitation,* ne furent livrés que plus tard. Ils étaient terminés le 13 janvier 1614 : on paya ce jour des ouvriers pour les descendre de l'atelier du peintre jusqu'au jardin (« den hoff ») ; ces volets durent probablement séjourner sous un abri au grand air, pour permettre à la peinture de mieux sécher. Le 18 février et le 6 mars 1614, une dépense est inscrite en faveur des ouvriers qui avaient transporté les deux volets à la cathédrale.

Enfin, le 2 août 1614, le grand triptyque fut inauguré par une messe solennelle à l'occasion de la saint Christophe, le patron des Arquebusiers, et le jour de sainte Madeleine, on dépensa une somme considérable :

472 florins 4 escalins, pour fêter l'inauguration par un banquet offert aux membres et auquel les autorités furent invitées. Le paiement du solde dû à Rubens n'eut lieu que le 26 décembre 1622. Les volets ont par conséquent été exécutés après le panneau central, en 1613-1614.

L'écart des dates d'exécution de ce retable est suggestif. Dans le panneau central, la composition présente encore le rythme oblique dominant dans *L'érection de la croix,* mais ce mouvement est mitigé par un retour à l'équilibre : les formes des assistants se répondent de part et d'autre du corps du Christ et les larges plans de couleur saturée se contrebalancent. Ce retour au principe de l'équilibre signifie un abandon d'une trop grande audace. On l'observe aussi dans le procédé de l'exécution. La manière de peindre est encore fougueuse; on peut aisément l'observer en s'approchant du panneau central. Ici l'artiste emploie une matière plus dense, et l'égalise. Tout, dans ce panneau central, parle encore le langage du Baroque, mais aussi d'un souci de mesure, qui ne se fait pas sentir dans *L'érection de la croix.* Ce souci est plus patent dans les volets, qui ont été exécutés après le panneau central; ils n'étaient terminés que le 13 janvier 1614. Ici le coloris se fait clair, comme dans la peinture des traditionnalistes au milieu desquels se trouvait l'artiste.

Rubens se serait-il rendu compte du succès qu'obtenait à ce moment son émule Abraham Janssens? Celui-ci signe et date en 1614 *La paix et l'abondance,* du musée de Wolverhampton, où l'on remarque toujours l'ampleur des formes, le coloris clair, la facture soignée; et cet artiste continuera encore ce style dans sa *Tête de Néron,* signée et datée de 1618, actuellement au château de Grünewald, près de Berlin.

Cependant, il reste que Rubens, dans ses grands tableaux, a inauguré le Baroque et qu'il sera suivi dans cette voie par les meilleurs peintres des anciens Pays-Bas méridionaux.

En raison du succès croissant que ses œuvres rencontrèrent aussi bien en son pays qu'à l'étranger et de l'afflux de commandes qui s'en suivit, Rubens songea très tôt à posséder sa propre demeure. Le 4 janvier 1611, il achète une maison bourgeoise qui fera partie de l'actuelle « maison Rubens ». Peu après il agrandit son bien par l'achat d'un terrain où il fait construire un atelier dont deux façades sont ornées de sculptures et de peintures; il fait ériger un portique ainsi qu'un pavillon au fond du jardin.

C'est dans cette agréable maison que Rubens passa dès lors le meilleur de son temps. Sur la manière de vivre de l'artiste, Roger de Piles nous donne, d'après les renseignements du neveu, des détails assez précis qui méritent d'être cités : « Quoiqu'il sembloit y avoir beaucoup de dissipation dans sa vie, celle qu'il menoit étoit néanmoins fort réglée. Il se levoit tous les jours à quatre heures du matin, et se faisoit une loi de commencer sa journée par entendre la messe, à moins qu'il n'en fût empêché par la goutte, dont il étoit fort incommodé; après quoi il se mettoit à l'ouvrage, ayant toujours auprès de lui un lecteur qui étoit à ses gages et qui lisoit à haute voix quelque bon livre; mais ordinairement Plutarque, Tite-Live ou Sénèque. »

Le mariage de Rubens avec Isabelle Brant eut lieu, comme nous l'avons déjà dit, le 3 octobre 1609. Trois enfants naquirent de cette union qui dura près de dix-sept ans, l'épouse de l'artiste étant morte le 20 juin 1626. Le 15 juillet suivant, Rubens écrivait à son ami Pierre Dupuy une lettre touchante, dont nous détachons la phrase que voici : « J'ai vraiment perdu une très bonne compagne, que je pouvais, que je devais raisonnablement aimer, car elle ne possédait aucun des travers de son sexe, elle n'était ni morose ni faible; mais toute bonne et honnête, et si vertueuse que tout le monde l'aimait pendant sa vie et la pleure depuis sa mort. Une telle perte m'afflige au plus profond de moi-même, et puisque le seul remède à tous nos maux est l'oubli, que le temps amène, force m'est d'attendre de lui mon seul secours. Mais il me sera bien difficile de séparer ma douleur du souvenir que je garderai toute ma vie de cette âme chère et vénérée.

» Je crois qu'un voyage m'aiderait, qui m'arracherait à la vue de tout ce qui m'entoure et, fatalement, ravive ma douleur... »

Rubens se hâta ainsi d'accepter une mission diplomatique, qui lui fit une diversion opportune dans son affliction.

Quatre ans plus tard, l'année même de son retour de mission, l'artiste se remaria. Il épousa, le 6 décembre 1630, une jeune fille d'environ 17 ans, Hélène Fourment. Elle était la fille cadette de Daniel Fourment, riche négociant en tapisseries, dont Rubens fréquentait de longue date la famille, puisqu'un frère d'Hélène avait épousé une sœur d'Isabelle Brant.

Les documents ne nous apprennent rien de précis au sujet de cette seconde épouse, sauf que des lettres contemporaines mentionnent sa grande beauté et que l'œuvre de l'artiste en dit long sur l'admiration et l'amour qu'il lui vouait. De cette union naquirent cinq enfants, dont une fille posthume née le 3 février 1641.

Le nouveau ménage ayant pris l'habitude de passer l'été à la campagne, Rubens acheta, en 1635, le domaine du Steen, à Elewyt, entre Bruxelles et Malines. Cette propriété se composait d'un petit château avec parc, de terres cultivées, de fermes. Certains ont soutenu que ce fut pour le peintre l'occasion d'entreprendre un genre nouveau pour lui : le paysage. Mais dès 1627, Rubens possédait à Eeckeren, près d'Anvers, une maison de campagne, et nous connaissons plusieurs paysages de Rubens dont le style indique assez clairement que l'artiste les exécuta bien avant ses séjours répétés au château d'Elewyt.

Nous ne savons pas grand-chose de la maladie qui fit son apparition relativement tôt dans la vie du peintre. Il souffrit de la goutte et ce que l'on entendait par là au XVIIe siècle était souvent une espèce de rhumatisme. Rubens en subit les premières atteintes en décembre 1626, alors qu'il se trouvait à Paris. Ses amis s'en entretiennent dans leurs lettres. En 1635, les douleurs s'accentuèrent, particulièrement dans la main droite, ce qui n'empêcha pourtant pas le peintre de s'occuper du programme de l'ornementation de la ville d'Anvers à l'occasion de l'entrée solennelle de l'Archiduc Ferdinand. Pour cette importante entreprise, il exécuta quantité de splendides esquisses d'arcs de triomphe, de théâtres, de sculptures et de tableaux décoratifs. Toutefois il abandonna complètement l'exécution des grands tableaux à quelques autres peintres renommés, qui reçurent directement la commande et le paiement du magistrat d'Anvers. La maladie empêcha Rubens d'assister aux festivités. Désireux de le remercier, le gouverneur dut se rendre lui-même à la maison de l'artiste.

Au mois de septembre de la même année, son état de santé ne lui permit pas d'accompagner ses tableaux envoyés au Whitehall de Londres, bien qu'il eût promis de retoucher lui-même ces œuvres sur place.

D'année en année le mal ne fit qu'empirer et l'archiduc Ferdinand y fait allusion dans une lettre du 30 juin 1638, adressée à Philippe IV : « Rubens peindra tous les tableau (pour la Torre de la Parada) de sa main afin de gagner du temps... Mais il est en ce moment éprouvé par la goutte ». Devant se rendre à Bruxelles en février 1639, l'artiste est obligé d'y envoyer son fils Albert à sa place. L'artiste passa cet été à la campagne, mais lorsqu'il rentra à Anvers, le 16 septembre 1639, il jugea utile de se rendre avec son épouse chez le notaire en vue de certaines modifications testamentaires.

En avril et en mai 1640, des lettres de plusieurs correspondants donnèrent des nouvelles, tantôt alarmantes, tantôt plus rassurantes, quant à la santé du grand maître. Le 10 janvier 1640, l'archiduc Ferdinand écrivait à son frère, le roi d'Espagne : « Une nouvelle attaque de goutte a empêché Rubens de travailler », et le 5 avril il précisait : « Rubens est perclus des deux mains depuis plus d'un mois, avec peu d'espoir de reprendre les pinceaux. Il essaie de se soigner et il est possible qu'avec la chaleur son état s'améliore. » Quelques jours plus tard, le 17 avril 1640, Rubens dictait, dans une lettre destinée à son ami, le sculpteur

22. L'Erection de la Croix (bois, 459 × 339 cm
Détail du volet droit. *(Anvers, Cathédral*

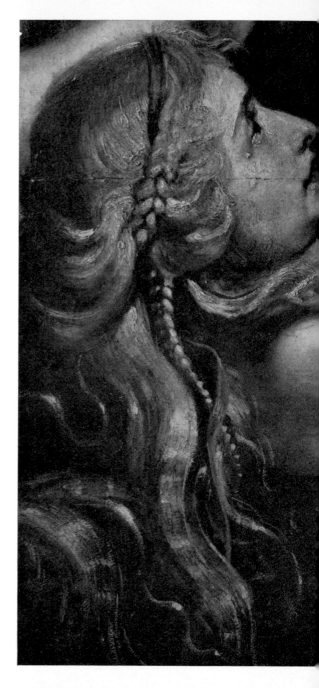

23. L'Erection de la Croix (bois, 459 × 150 cm).
Volet gauche. Détail. *(Anvers, Cathédrale.)*

24. L'Erection de la Croix. Détail du panneau central : feuillage (bois, 459 × 339 cm).
(Anvers, Cathédrale.)

25. Le Martyre de saint Liévin (toile, 455 × 347 cm).
Détail. *(Bruxelles, Musées Royaux des Beaux-Arts.)*

26. Hygeia (bois, 102 × 73 cm).
Détail. *(Detroit/Mich., Institut des Arts.)*

27. Le petit Jugement Dernier (bois, 183,5 × 119 cr
Détail. *(Munich, Pinacothèqu*

Le Combat des Amazones
is, 121 × 165 cm).
ail. (*Munich, Pinacothèque.*)

V. Le Parc du Steen. Détail.
(*Bruxelles, Coll. G. Dulière;
en prêt à la Maison Rubens à Anvers.*)

François Duquesnoy : « la mort va bientôt me fermer les yeux à jamais ». Des médecins de la cour lui sont envoyés de Bruxelles, mais « la goutte » gagne le cœur, et Rubens, qui a fait un nouveau testament le 27 mai, meurt trois jours après, le 30 mai 1640.

SON ACTIVITÉ DIPLOMATIQUE

Quoiqu'on en ait déjà beaucoup parlé, l'importance de l'activité diplomatique de Rubens n'a pas encore été suffisamment mise en lumière. On en a souvent minimisé la portée en abusant de certains textes et en présentant Rubens comme un diplomate occasionnel, dont les relations d'artiste avec certaines cours d'Europe étaient simplement mises à profit. On l'a fait passer aussi quelquefois pour un de ces diplomates d'occasion, si nombreux à l'époque, comme cet autre peintre, le remuant Balthasar Gerbier, avec qui Rubens eut d'ailleurs des relations momentanées, et qu'on désavouait simplement dès que les affaires prenaient mauvaise tournure.

N'est-on pas allé jusqu'à prétendre que Rubens lui-même ne prenait guère ses démarches au sérieux : il en parlait rarement dans ses lettres et, quand il était en mission, évitait de donner signe de vie à ses amis. Comme si la discrétion n'était pas le meilleur témoignage du sérieux de ce diplomate !

Il ressort de la correspondance de l'artiste qu'il exigeait expressément de n'être pas envoyé comme un des nombreux agents secrets auxquels les cours faisaient appel pour recueillir des confidences, répandre de fausses nouvelles, vérifier certaines allégations. Il réclamait un titre officiel, que ni la gouvernante des Pays-Bas espagnols ni le roi d'Espagne ne lui refusèrent.

Il se donnait à ses entreprises diplomatiques avec toute l'ardeur de son tempérament et y déployait les ressources de son intelligence lucide. Plusieurs contemporains, dans des lettres privées, louent l'artiste de grand talent, mais aussi l'homme de tact, sa distinction, sa conversation exquise et son pouvoir de séduction peu commun. Il gagna la confiance non seulement de l'archiduchesse Isabelle, mais aussi de Philippe IV d'Espagne, de Charles Ier d'Angleterre, et il s'imposa, non sans difficultés, aux ministres espagnols et anglais. Son but n'était nullement ce que Paul Colin, éditeur d'une version abrégée de la correspondance de l'artiste, a si superficiellement et si injustement défini : la satisfaction d'une ambition démesurée. Il apparaît, au contraire, de l'ensemble de la correspondance, que Rubens était inspiré par un mobile très digne : l'amour de sa patrie ravagée par les troubles religieux, appauvrie par les luttes des grandes puissances qui vidaient leurs querelles sur le sol ancestral; l'amour aussi d'une paix universelle solide, dont son pays tirerait ordre et prospérité.

Résumons brièvement ses différentes démarches diplomatiques et fixons, comme points de repère, les dates de ses déplacements.

Il s'entremit une première fois pour établir une entente entre les Pays-Bas espagnols et ceux du Nord. Les Pays-Bas belgiques continuaient à souffrir des incursions militaires des Hollandais et leur commerce était entravé par la fermeture de l'Escaut. Il était souhaitable qu'un accord pût se conclure, que l'Espagne reconnût définitivement l'indépendance de la Hollande, que celle-ci supprimât les obstacles à l'épanouissement du commerce des provinces du Sud. Une trêve de douze ans venait de se terminer le 9 avril 1621. Un conflit éclata et Spinola envoya l'armée espagnole en Hollande. Rubens, appuyé dans cette voie par l'Infante Isabelle, tenta, par l'intermédiaire d'un membre de sa famille dans ce pays, de négocier avec les Etats Généraux de Hollande une cessation des hostilités. Le 30 août 1624, de Baugy, représentant de la France à la cour de Bruxelles, écrit que Rubens s'entremet pour faire accepter un armistice, et sa mission continue pendant le siège de Breda, en 1625.

Par la suite, les aspirations de Rubens s'élevèrent : il rêva de faire régner la paix en Occident. Pour faire pièce à la politique de Richelieu qui, désireux d'affaiblir l'Espagne, soutenait les Hollandais, il estima que l'équilibre européen ne pouvait s'établir qu'au prix d'un accord entre l'Espagne et l'Angleterre.

L'archiduchesse Isabelle, dont Rubens était devenu le conseiller officieux, se laissa à son tour gagner à l'idée d'une alliance hispano-anglaise, et encouragea le peintre à poursuivre ses efforts. Elle finit même par le déléguer auprès de son neveu, le roi Philippe IV, afin de convaincre celui-ci de l'opportunité d'un accord avec les Anglais. Le 15 septembre 1628, Rubens est à la cour d'Espagne. Les pourparlers progressent lentement, mais entretemps l'artiste exécute les portraits du roi et des membres de sa famille. Sous prétexte de copier des œuvres du Titien, il trouve le moyen de

prolonger son séjour, de faire valoir ses arguments et de faire partager ses vues par Philippe IV d'abord, par ses ministres, plus récalcitrants, ensuite. Le 29 avril 1629, il quitta Madrid avec la mission officielle de poursuivre ses pourparlers auprès du roi d'Angleterre. Il passa d'abord par Paris et Bruxelles, pour se trouver au début de juin à la cour d'Angleterre, où il réussit également à imposer ses vues à Charles Ier, pourtant ondoyant et fort difficile à convaincre. Rappelons ici l'anecdote – peut-être apocryphe, mais significative – de ce seigneur anglais qui demanda à un chambellan : « Quel est donc ce diplomate qui s'amuse à peindre? », à quoi ce dernier répondait : « Demandez plutôt quel est ce peintre qui s'amuse à faire de la diplomatie. »
Rubens quitta l'Angleterre en février 1630. Il avait accompli sa mission avec bonheur : l'accord était conclu et n'attendait plus que les signatures. Le 15 novembre 1630, celles-ci scellaient la paix entre l'Angleterre et l'Espagne.

Un an plus tard, en décembre 1631, l'artiste reçut de l'Infante Isabelle la mission de reprendre les pourparlers avec des membres des Etats Généraux de Hollande. Ici Rubens réussit moins bien. Découragé, il finit, en 1633, par supplier l'archiduchesse de le décharger de toute démarche diplomatique pour lui permettre de se consacrer uniquement à ses travaux artistiques.

Si ses missions lui valurent d'être anobli, d'être fait chevalier tant par le roi d'Espagne que par celui d'Angleterre, elles ne constituèrent cependant qu'une activité secondaire dans la vie de l'artiste.

SON GÉNIE

Avant d'évoquer le génie de Rubens, tâchons de faire un portrait de l'homme. La correspondance du maître peut-elle nous aider à le mieux connaître? Oui, sans doute, si nous n'y cherchons que les éléments de tel ou tel aspect de sa personnalité, sans vouloir en tirer des considérations trop générales ou définitives.

Dans ce qui subsiste de cette correspondance, car sa correspondance familiale a disparu entre 1702 et 1704, dans un incendie chez le comte de Bergeyck, héritier du second époux de la veuve de l'artiste, rares sont les passages où Rubens parle de lui. Il nous reste le recours aux correspondances d'étrangers concernant le peintre. Les jugements qu'elles contiennent seront d'autant plus précieux qu'ils seront adressés à des tiers peu ou pas en relation avec l'artiste.

Ainsi Nicolas Peiresc, le grand érudit de l'époque, ne tarit pas d'éloges sur le vaste esprit et le caractère agréable de Rubens, qui, écrit-il à Pierre Dupuy au mois d'août 1627, est « né pour plaire et délecter en tout ce qu'il faict ou dit ». Gaspard Scioppius, qui fut un familier de Rubens en Italie en 1605, loue « son savoir en tout ce qui appartient aux bonnes lettres » et « sa délicatesse de jugement qu'il joint à un charme particulier de parole et de conversation ».

Avec Juste Lipse, il était dans les Pays-Bas espagnols un des plus parfaits représentants de l'humanisme chrétien de l'époque. Lui aussi conciliait le stoïcisme de Sénèque, philosophie du devoir moral, de la domination des passions, de l'égalité d'humeur, avec l'enseignement de la religion catholique.

Ce qui domine chez Rubens, dans les actes de sa vie privée, dans ses relations humaines, c'est la maîtrise de soi, l'empire sur ses passions. A tous les honneurs, à toutes les jouissances, l'artiste semble avoir préféré le travail régulier et la paix du foyer. Il savait refréner l'imagination débordante, la sensualité, qui se manifestent si largement dans son œuvre. C'est ce qui lui permettait de garder sa santé morale et d'échapper aux fâcheuses conséquences des dérèglements. Il maintenait ainsi l'équilibre de ses facultés, préservait son énergie de toute atteinte dissolvante, et son tempérament artistique demeurait toujours docile aux appels de l'inspiration et prêt au travail créateur.

Il convient d'insister avant tout sur l'appétit de connaissance de Rubens et sur son acharnement au travail. Mais peut-on le qualifier de savant? On serait tenté de le faire, quand on lit notamment sa correspondance avec Nicolas Peiresc, dont l'érudition nous paraît fantastique, et qui adressait sans cesse des questions à Rubens, qu'il respectait pour ses connaissances universelles. On est frappé du nombre, de la qualité, de la diversité des sujets traités dans cette correspondance. Il s'agit principalement d'archéologie et d'épigraphie antiques, et aussi de physique et d'astronomie : on y discute, par exemple, du mouvement perpétuel, d'appareils et d'instruments de recherche (lettre du 27 juillet 1623). Sans doute ces échanges de vue n'allaient pas toujours en profondeur et leur matière se limitait à la science de l'époque, mais ils n'en reflètent pas moins, chez le peintre, un esprit scientifique, observateur et méticuleux, rare à cette époque.

Il ressort également de la correspondance que Rubens

était lecteur assidu des classiques latins et des écrits scientifiques du siècle. Autodidacte, Rubens écrivait, outre le néerlandais, sa langue maternelle, le français, l'italien, l'espagnol et le latin.

Tout au long de son existence, l'artiste a aussi enrichi son esprit de sensations cueillies dans la nature en les emmagasinant dans sa prodigieuse mémoire. Mille traits, mille détails que d'autres dédaignaient de remarquer ou de retenir, se gravaient en lui de façon indélébile, et cette récolte incessante constituait dans l'esprit de l'artiste une réserve considérable.

Mais l'essentiel, il le tirait de son génie créateur. La création lui était aisée. Il voyait nettement dans l'imagination ce qu'il avait à exécuter. De plus, la connaissance parfaite de son métier lui permettait une exécution directe. L'étude de ses esquisses et une analyse minutieuse de ses grands tableaux nous autorisent à dire que la réalisation se faisait sur la toile avec une rapidité étonnante. Jamais l'esprit ne doute, jamais la main n'hésite. Chaque touche, chaque trait évoque en même temps la teinte, le degré de luminosité, la densité, la matérialité et le modelé voulus. Du coup, la vision créatrice se trouve pleinement et magistralement exprimée. C'est là le privilège du génie.

Tout ce que l'on sait de certain sur Rubens permet d'affirmer que les merveilleuses facultés de cet artiste se développèrent harmonieusement, avec plénitude, sous l'impulsion d'une extraordinaire fougue vitale.

Avec quelle prodigalité n'a-t-il pas dépensé dans son art cette ivresse de vivre, que Dante chanta avec tant de lyrisme dans son « Paradis » : joie de voir, de sentir, de rêver, de concevoir.

Et la magnifique exubérance de Rubens éclate aussi bien dans la conception de ses œuvres que dans leur exécution. En concevant ses figures, il dépasse les normes de la réalité immédiate. Parce qu'il s'est plu à peindre des femmes aux formes opulentes, on lui a volontiers décerné l'épithète de réaliste, alors que cette ample vision était précisément bien plus que la reproduction servile d'une réalité sensible.

Ce phénomène de transposition se manifeste jusque dans ses portraits. Lorsqu'il exécute sur la toile l'image de son épouse, il s'attarde peu aux traits d'une beauté physique ou d'un riche vêtement. Ce qu'il se plaît surtout à faire vibrer, avec une allégresse exaltée par l'amour, c'est la jeunesse vivante qui rayonne de son modèle comme de son propre cœur.

Ainsi, *La petite pelisse* – ce portrait intime d'Hélène Fourment qu'il désira garder jusqu'à sa mort dans ses appartements privés – est réellement un chant d'admiration devant la vie. Non que ce tableau représente une femme exceptionnellement belle, mais le coloris étonnant y glorifie tout. Le ton nacré et irréel donné à la chair apparaît dans une splendeur lumineuse, admirablement rehaussé par le brun de la pelisse et le rouge éclatant du tapis et du fond.

Les innombrables nus peints par le maître, qui ignora personnellement toujours ce qui est bas et morbide, ne portent pas trace de la médiocrité inhérente à la condition humaine : ses hommes musclés, ses femmes saines ont des formes épanouies, parce que leur aspect général est magnifié. C'est en vain qu'on chercherait,

90

29. L'Assomption (bois, 506 × 321,5 cm
Détail. *(Anvers, Cathédrale*

30. La Montée au Calvaire (toile, 568 × 335 cm).
Détail. *(Bruxelles, Musées Royaux des Beaux-Arts.)*

32. L'Adoration des Mages (bois, 66 × 50 cm).
(Bruxelles, Coll. G. Dulière.)

. Le Combat des Amazones (bois, 121 × 165 cm).
tail. *(Munich, Pinacothèque.)*

33. Quatre aspects d'un Nègre (transposé de bois sur toile, 51 × 66 cm.)
Détail. (*Bruxelles, Musées Royaux des Beaux-Arts.*)

34. La dernière communion de saint François (toile, 420 × 225 cr
Détail. (*Anvers, Musée Royal des Beaux-Art*

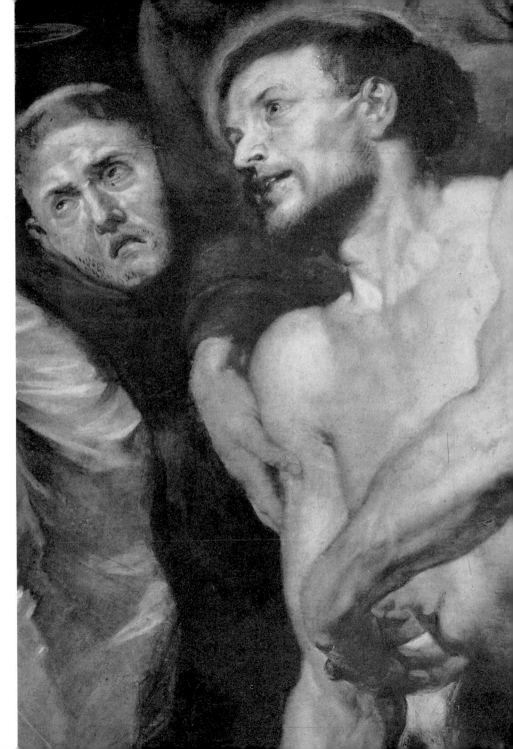

même dans ses nus mythologiques, l'abdication de l'esprit devant les forces de la matière.

Pour qui sait contempler une œuvre d'art avec les yeux de l'esprit, les enfants potelés de *La guirlande de fruits,* de Munich, apparaîtront semblables aux fruits appétissants qu'ils portent : produits vigoureux et succulents de la bonne terre nourricière.

Les trois jolies naïades, qui occupent le premier plan dans *Le débarquement de Marie de Médicis,* n'ont, dans la composition, aucune raison historique ou allégorique, mais leurs formes mouvantes et claires expriment mieux l'allégresse de l'accueil que les salutations affectées des délégués du roi.

Tout frémissant d'enthousiasme, un tel art ne s'adresse guère aux esprits timorés, blasés ou médiocres. Tout est puissance dans cet univers. Même les rustres, les pauvres, les malades perdent leur aspect grossier ou misérable. Dans *La vocation de saint Bavon,* de Gand, les deux pauvresses ont des formes aussi nobles que les deux belles dames pleurant le départ du seigneur. Sous leurs haillons, elles ne sont ni repoussantes ni faméliques. Leurs formes admirables se meuvent avec tant de grandeur et d'élégance, qu'on serait tenté de ranger ces deux figures parmi les plus puissantes que l'imagination de Rubens ait jamais créées.

Cet artiste ne pouvait concevoir des formes qui ne fussent pénétrées de vie. Même le corps de son Christ mort, dans *Le coup de lance,* d'Anvers, se développe avec tant d'ampleur et d'harmonie, le geste des deux bras étendus dominant si majestueusement ceux qui le veillent ou l'accablent, qu'ils évoquent magistralement un Dieu triomphant de la souffrance et de la haine, un

101

Dieu qui bientôt triomphera de la mort elle-même. Ce potentiel d'énergie vitale que Rubens confère à ses figures, nous le retrouvons naturellement dans l'expression du mouvement. Pour s'en convaincre, que l'on compare *La kermesse,* du Louvre, avec les œuvres de même sujet de son contemporain Teniers. Chez ce dernier, les paysans en liesse ressemblent étrangement à des figurants rangés sur une scène d'opéra-comique : ils donnent, comme eux, l'impression d'un mouvement feint. Chez Rubens les personnages sont pris en plein élan : l'un empoigne sa danseuse comme pour un rapt, l'autre plaque un baiser avec la fougue d'une étreinte ultime; un dynamisme prodigieux habite tout ce petit monde, un délire électrise cette foule en fête, et ce rythme endiablé atteint son paroxysme dans la chaîne des danseurs qui, à droite du tableau, semblent sur le point de s'élancer dans l'espace.

Et ce n'est pas seulement dans les scènes de fêtes, de chasses ou de batailles, où le sujet paraît s'y prêter davantage, que se retrouve pareil mouvement vital. Une égale vigueur se déploie dans les compositions à sujet religieux.

Le martyre de saint Liévin, de Bruxelles, est agité de forces contradictoires aussi vives que profondes. L'unité du tableau est assurée par la ligne de force qui traverse la toile en diagonale de gauche à droite, et par l'étincelle psychologique : le regard lumineux du saint vers la vision béatifique qu'annonce l'apparition des anges. Si l'on objecte qu'une telle scène commande, malgré tout, un certain dynamisme, qu'on observe alors une des nombreuses *Assomptions* du maître, un des multiples *Calvaires* ou, même, une œuvre au sujet très calme, comme *La Vierge remettant la chasuble à saint Ildephonse,* de Vienne. Chacune de ces œuvres est un hymne gonflé d'ardeur, puissamment rythmé, éclatant d'un coloris vigoureux qui, sur les grands autels baroques, s'accordait merveilleusement au faste du rite catholique et à la magnificence polyphonique des orgues.

Certes, l'univers rubénien nous déconcerte parfois. Certaines de ses visions, où se déchaînent la lutte exaltée des passions, la fureur, la haine, la cruauté ou l'amour, atteignent un tel degré d'intensité, une telle démesure dans la puissance que nos âmes décadentes sont ébranlées sous le choc d'une force qui les dépasse. C'est que nous avons perdu le sens de l'énergie vitale déployée dans toute son ampleur.

Et cette vitalité ne s'exprime pas uniquement dans la forme des figures ou des groupements, dans le mouvement et le rythme; elle se manifeste aussi dans le coloris et la facture.

Chez Rubens, le coloris est extrêmement diversifié. Au début, ce sont de grands plans de couleurs assez sombres qui construisent le tableau. Vers les années 1614-1618, ce sont des plans de couleurs vigoureuses, mais claires. Dans la pleine maturité, les jeux de nuances se font subtils; on trouve alors, chez l'artiste, des audaces de transposition chromatique – comme du rouge dans les arbres, du brun dans les corps –, des contrastes complémentaires, des fulgurations qui rappellent certaines formules chères à nos expressionnistes contemporains.

Chez ce maître, peintre avant tout, c'est particulièrement dans la facture que se fait sentir la puissance créatrice. L'exécution est différente suivant les époques que nous venons d'indiquer. Elle est appuyée et lourde au début; assez calme, soignée et lisse durant les années 1614 à 1618; large et sûre au cours des années suivantes et, de 1628 à la fin, enlevée et excessivement rapide. Dans les œuvres de la maturité, on croirait la main fébrile de Rubens dirigée par ce même courant de vie qui régit l'univers et le transforme sans cesse.

C'est particulièrement dans ses esquisses qu'il faut surprendre le peintre à l'œuvre, dans ces travaux où l'on ne peut valablement supposer une quelconque collaboration de disciple. On constatera qu'avec un minimum de couleur brune, le maître y indique d'emblée les formes générales, avec leur volume et leur emplacement dans l'espace. Puis, d'un pinceau léger, par quelques touches alertes de couleur claire, il suggère la lumière, le mouvement, le rythme et la vie.

Si Rubens ne fut pas un penseur de l'envergure de Léonard de Vinci, un esprit inquiet comme Michel-Ange ou, tel Rembrandt, un psychologue capable de sonder les cœurs, ce prétendu réaliste, lui, fut un visionnaire exceptionnel. Les moindres visions qui naissaient dans son âme en rejaillissaient magnifiées. C'est là une chose digne d'être soulignée : cet artiste si rangé, si bourgeois dirions-nous, dans sa vie familiale et sociale, fut, dans son art, possédé par un sens extraordinaire de la grandeur. Pour lui toutes les contingences s'effacent dans la toile à peindre et le sujet grandit en lui pour se situer sur un plan largement humain, où quelque chose d'universel se mêle à sa vision. Cette grandeur ne dépend nullement du sujet traité, car Rubens n'a pas fait fi des sujets imposés par la mode, le goût de l'époque ou de la clientèle. Pour les toiles destinées à orner les autels baroques ou les galeries royales, l'artiste se fait amplement décoratif, et pour les cabinets d'amateurs, il sait fournir des tableaux qu'il déclare « très attrayants et pleins d'une multitude de très belles jeunes filles ». Mais quel que soit le thème traité : scène de genre, idylle mythologique, paysage ou sujet religieux, il donne toujours bien davantage qu'un simple exposé.

Toujours le peintre magnifie, dépassant le particulier pour se hausser jusqu'au général. Et si, dans ce vaste monde qu'il porte en lui, les dieux descendent de l'Olympe aux côtés des humains qui sont déifiés à leur tour, si les êtres mythiques coudoient les êtres réels, chacun, gardant sa vérité intrinsèque, gagne en vérité absolue. En veut-on un exemple concret? On a beaucoup parlé des femmes rubéniennes aux charmes plantureux, dont le type, dit-on, aurait toujours été inspiré par l'une des deux épouses de l'artiste. Or, de la première, plusieurs portraits nous sont connus, et davantage encore de la seconde. Il est cependant incontestable que la « femme rubénienne » – que l'on trouve déjà dans *La toilette de Vénus,* du Musée de Vienne, et dans *L'enlèvement des filles de Leucippe,* de Munich – ne ressemble à aucune des deux et qu'elle existait déjà dans l'œuvre du maître alors qu'Hélène Fourment n'était encore qu'une enfant. La femme, dont les images multiples et diverses vont surgir pendant plus de vingt ans sous le pinceau du peintre, est une vision qu'il portait en lui de la beauté féminine idéale, un rêve harmonieux de formes nobles et amples.

Même en peignant des portraits, Rubens transpose la réalité de son modèle dans son monde enchanté, où tout est exhaussé, dépouillé des contingences, des mesquineries et des tares. Un portrait d'une de ses épouses devient une figuration de la mère heureuse, source de beauté, de bonté et de vie.

C'est que son génie transcende toujours l'immédiat. Il ne nous transporte ni dans une contrée déterminée, qui serait la Flandre, ni à une époque précise, qui serait le XVIIe siècle. Il nous conduit dans un lieu où l'on respire l'air des hautes altitudes d'où l'on domine frontières et siècles.

En fait, l'univers créé par Rubens est un univers où tout se lie en vertu d'une commune force cosmique, car cet artiste est fraternellement uni par le génie aux grands chercheurs, aux grands découvreurs de son siècle, et Rubens pouvait lui-même définir son art : « la glorification des forces et des aspirations des hommes ». Il ne veut plus que l'être humain soit traité en solitaire, artificiellement détaché du vaste mouvement vital qui l'entoure et dont il fait partie. Par le fluide de l'air et de la lumière qu'il indique par le nuancement des couleurs, il arrive à créer autour des formes sans silhouettes précises, une atmosphère, un espace infini, un mouvement toujours repris, un perpétuel devenir. Devançant la moderne science de la physique atomique, ce génial intuitif a saisi et représenté dans son œuvre le principe de l'énergie, d'une matière qui sans cesse se transforme, restant toujours égale à elle-même, contenant en puissance l'énergie, se transmutant en celle-ci.

Comme nous l'avons déjà écrit naguère, le sang qui gonfle les artères de ses créatures, ce sang qui bourdonne dans leurs veines et s'offre vigoureusement à la caresse de la lumière, qui donne aux muscles la force, aux chairs la fermeté, aux regards l'éclat, ce sang est identique à la sève vivifiante que nous sentons sourdre du sol fertile, cette sève qui nourrit la floraison et tisse la pulpe des fruits.

Sous ce rapport, l'art rubénien est bien distinct de l'art baroque italien et inaugure le Baroque septentrional.

Les Italiens, malgré le mouvement des formes et l'enchevêtrement des groupements, gardent dans leur Baroque la clarté de l'esprit latin. Chez Rubens, homme du Nord, on sent vibrer les puissances secrètes, ces forces vives immanentes qui n'ont pas encore pris corps, mais circulent déjà mystérieusement.

C'est là un apport capital de l'âme septentrionale si noblement représentée dans la peinture de Rubens, comme elle le fut dans l'art littéraire par Shakespeare ou dans l'art musical par Beethoven.

Animée par le fluide même de la vie, qui lui donne son unité, l'œuvre de Rubens puise son ampleur dans l'univers, qui lui accorde sa majesté et ses proportions.

SON STYLE ET SA FACTURE

Nous avons dit ailleurs ce qu'il convient de penser des influences que Rubens aurait subies lors de sa formation à Anvers et surtout lors de son séjour en Italie. Nous avons pu constater qu'il a été incontestablement un grand admirateur et de Michel-Ange, et de Titien et du Caravage, qu'il a copié certaines de leurs œuvres tout en les transposant selon son style propre et en faisant aussitôt de vrais Rubens. On peut voir jusqu'où pouvaient aller ces transpositions, d'une part d'après la

Bacchanale avec Ariane, du Titien, qui se trouve actuellement au Prado, et d'autre part l'*Adam et Eve au paradis,* également du Titien et au même musée. La « copie » de Rubens de la première de ces deux œuvres se trouve actuellement au Musée de Stockholm, tandis que celle de l'autre ne se trouve non loin de l'original. Il n'y a pas de commune mesure. Chez le maître flamand, il convient surtout de constater que les formes se sont dépouillées de leur raideur statique et comment les chairs, plus claires et plus transparentes dans les ombres, se sont également faites plus vivantes et comment les figures sont davantage liées à l'environnement par un coloris plus nuancé.

En ce qui concerne le Caravage, s'il y eut affinité d'esprit, il y eut aussi divergence. Nous avons déjà signalé combien le maître flamand s'écarte du style du Caravage, même dans les copies. Et si, dans plusieurs œuvres de la fin du séjour en Italie ou des premières années de l'établissement définitif à Anvers, Rubens applique quelque chose du clair-obscur mis à la mode par l'Italien, jamais son langage ne sera aussi dur, sa lumière violemment contrastée avec les ombres opaques; jamais ses couleurs ne seront aussi saturées et il n'acceptera pas cette matérialité, si manifeste dans l'œuvre du Caravage.

On a souligné par ailleurs que Rubens n'est pas demeuré indifférent devant le génie de Raphaël. Ainsi, pour *Le baptême du Christ,* actuellement au Musée royal d'Anvers, il emprunta visiblement sa composition du Christ à Raphaël (50e loge du Vatican). Mais le Christ de Raphaël, un peu falot, les mains jointes et la tête baissée, se trouve transformé chez Rubens en une figure

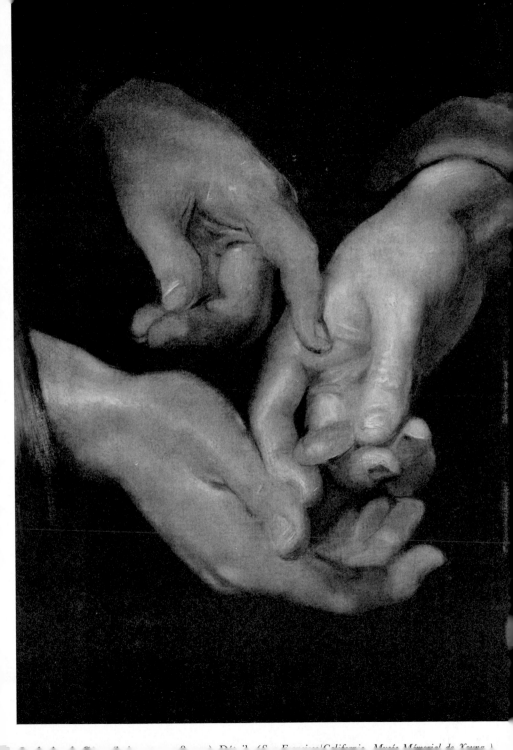

37. Le Combat des Amazones (bois, 121 × 165 cm).
(*Munich, Pinacothèque.*)

39. La descente de Croix. Volet droit (bois, 418 × 149,5 cm).
Détail : Siméon. *(Anvers, Cathédrale.)*

Portrait d'Hélène Fourment (bois, 163,5 × 136,5 cm).
tail. *(Munich, Pinacothèque.)*

40. L'Adoration des Mages (bois, 446 × 336 cm).
Détail : le Mage maure. *(Anvers, Musée Royal des Beaux-Arts.)*

41. Le mariage de Marie de Médicis et d'Henri IV par procuration à Floren
(toile, 394 × 295 cm). Détail. *(Paris, Musée du Louvre*

VII. Portrait de Nicolas Rockox.
Détail. *(Anvers, Musée Royal des Beaux-Arts.)*

La Vierge avec sainte Apolline, sainte Barbe et sainte Marguerite
ile, 259 × 214 cm). Détail. *(Toledo/Ohio, Musée d'Art.)*

largement développée, où la brièveté du cou accentue l'impression d'abandon de l'Homme-Dieu à sa mission terrestre, dont l'acceptation du baptême est l'investiture. Pour *La transfiguration* – qui, à Mantoue, faisait pendant au tableau précédent, et se trouve actuellement reléguée dans l'escalier du musée de Nancy – Rubens s'inspira de *La transfiguration* de Raphaël. Mais il a démontré l'unité trop conventionnelle de l'Italien, dont la composition comprenait deux parties distinctes: en bas la guérision miraculeuse du petit possédé et, en haut, la transfiguration proprement dite. Raphaël avait cru trouver une unité psychologique, en donnant à deux apôtres, placés dans la partie inférieure de l'œuvre, des gestes indiquant dans le Christ la cause efficiente du miracle. Rubens, fort heureusement, recompose le tout dans le sens de la largeur, unifiant nettement les deux sujets qui semblaient manquer de rapport. Il place presque au niveau du sol la scène de la transfiguration; il confère plus de vitalité au groupe des apôtres et, surtout, il ne suit pas le dur bariolage de Raphaël (ou de Jules Romain qui termina l'œuvre); son coloris n'est plus une succession de larges plans de couleurs locales, mais une gamme riche de nuances vives.

Les mêmes remarques s'appliquent aux deux exemplaires de *L'adoration des bergers* que l'artiste exécuta, celui de San Filippo de Neri, à Fermo, peu avant son départ d'Italie, et celui de Saint-Paul, à Anvers, peu après son retour dans la métropole flamande. La conception générale de ces deux tableaux reflète quelque peu celle de *La Nativité* du Corrège, actuellement à la galerie de Dresde. La source lumineuse de cette scène nocturne se trouve être le nouveau-né, d'où fuse tout l'éclairage. Au premier plan, une solide figure de berger fait écran. Ces particularités existent déjà dans l'œuvre du Corrège, mais tout le reste est autre, et dans les deux tableaux de Rubens les formes sont plus fermes, n'ont rien de l'élégance du Corrège, et les ombres sont plus marquées. De plus l'artiste flamand a rapproché davantage la scène de la vie réelle, tandis que son prédécesseur italien était préoccupé particulièrement de la beauté formelle des figures.

Si l'opposition nette des lumières et de l'ombre peut inciter à un rapprochement avec la manière du Caravage, n'oublions pourtant pas que Rubens n'a nullement suivi le jeu chromatique du novateur italien.

Les similitudes avec les maîtres italiens sont, cela va de soi, plus nombreuses durant les années où le peintre flamand cherche à s'imposer comme peintre italien. Mais elles persisteront par intermittence jusque dans la pleine maturité de l'artiste. Jamais pourtant, il ne sera question d'une greffe de parties mortes, de formes empruntées telles quelles, et moins encore d'imitation servile d'un groupement général.

Si nous ne craignions quelque équivoque, nous dirions qu'il ne s'agit en l'espèce que d'une inspiration, – précisons – d'un contact qui déclenche l'étincelle d'une création où l'on croit apercevoir des reflets d'une œuvre d'autrui, et où tout cependant acquiert des propriétés singulières.

Après avoir ainsi déblayé le terrain, en ramenant à leurs justes proportions les « emprunts » de Rubens à l'art ou à la nature, il nous reste à dire l'essentiel : ce que son art prestigieux dut à son propre génie.

Ce qui étreint immédiatement devant une œuvre de Rubens, c'est la puissance de vie qui parcourt chaque forme et chaque composition, c'est le mouvement auquel sont soumis chaque figure et chaque groupement, et qui assure à l'ensemble une cohésion parfaite. C'est ce que nous appellerions volontiers le rythme vital, le rythme de la vie organique.

Et posons ici nettement une question, qui offusquera peut-être les conformistes, mais qui importe au renouvellement nécessaire de l'histoire de l'art : par ce rythme unique, l'art de Rubens ne dépasse-t-il pas l'art des grands maîtres de la Renaissance?

Pétris de vieil humanisme, nous sommes habitués à raisonner une forme ou une composition, en la découpant, en la mesurant, en cherchant l'équilibre des contrastes, comme il est aisé de le faire pour les œuvres des artistes italiens de la Renaissance, plus géomètres que véritablement peintres. Si chez Rubens la vie déborde, c'est moins parce qu'il relève de l'époque baroque, que parce qu'il est Rubens et peintre avant tout. Ses formes, toutes frémissantes de vie, projettent leurs mouvements dans toutes les directions, et surtout, elles sont composées en nuances qui s'interpénètrent, du moins dans les œuvres de la maturité. Aussi leur caractère essentiel réside-t-il dans le rythme. C'est à ce rythme que nous sommes sans cesse ramenés, rythme des ondes de la pensée artistique du maître, et d'où surgit toute la composition.

Il suffit d'examiner sans parti-pris une de ses œuvres pour le saisir, par exemple, la plus grande de ses esquisses, *La bataille de Tunis,* des musées de Berlin. L'artiste a visiblement entamé son travail par la partie centrale, où se joue la mêlée principale : les formes y sont nettes et la peinture, dès le début, est solide. Il continue par l'adjonction, sur la gauche, du chef d'armée en armure blanche, et du personnage qui le suit, où l'on reconnaît Charles Quint. Poursuivant toujours à gauche, il esquisse – déjà avec plus de rapidité – l'armée espagnole ; il indique, par un frottis, la citadelle de Tunis et ajoute quelques lueurs de flammes. Il finit vers la droite par l'ébauche presque informe de l'attaque contre l'armée musulmane, évoquée par quelques vagues silhouettes en traits grisâtres. Et l'œuvre est là, faite en une heure, deux tout au plus. Ce tableau a été abandonné tel quel, comme une grande ébauche. Pendant toute la durée de son travail, l'artiste a gardé le rythme général qui court de gauche à droite ; tous les mouvements, comme tous les traits s'en ressentent.

Un même rythme de vie, qui incite au travail et soutient l'élaboration, peut s'observer dans quantité de tableaux achevés du maître, et particulièrement dans *Le combat des Amazones*. Il éclatera encore davantage dans des œuvres de large envolée, comme *La chute des damnés*. C'est devant cette conception grandiose que nous voudrions amener tous ceux qui pensent encore que la source de l'art de Rubens peut se découvrir dans l'art de ses prédécesseurs.

Le sujet de *La chute des damnés* est vaste, particulièrement pour un esprit croyant : les siècles étant révolus et le monde matériel détruit, l'humanité entière se trouve en face de son Créateur ; sous cette lumière divine, chacun voit clair en soi, est jugé d'après ses actes, ses intentions, et se trouve aspiré par la vision béatifique ou le gouffre éternel. Michel-Ange eut du sujet une conception artistique que le monde entier considéra comme grandiose. La justice de son Dieu est telle, que les élus eux-mêmes en sont saisis d'effroi ; ils montent vers les lieux éthérés où les saints jouissent déjà de la divine présence, tandis que les damnés, de tout le poids de leur péchés, s'abîment dans les ténèbres. L'artiste italien qu'est Michel-Ange a établi cette vision en trois zones horizontales, et chaque figure en soi est une merveille de forme condensée.

Rubens, de son côté, eut la vision d'un formidable tourbillon, rythmé de fulgurations : la portion d'humanité condamnée semble, aux approches de la lumière céleste, se liquéfier et fondre, en larges traînées diagonales, dans le gouffre. De ce rythme est sortie toute la composition du tableau ; à ce rythme, chaque forme se trouve impérieusement ramenée.

Le même facteur commande l'exécution, qui a la spontanéité du principe fécond de la vie. Le regard de l'artiste sur sa palette est sûr. La main est docile, le coup de pinceau ou de brosse, direct. Rien n'arrête ce génie dans les airs, ni les groupements compliqués, ni les raccourcis les plus audacieux, ni la distribution des lumières, ni la teinte précise qu'il faut choisir. A Rubens, toutes les hardiesses sont permises ; elles sont suivies de toutes les réussites.

Est-il téméraire de dire que c'est dans le rythme vital du grand maître qu'il faut chercher l'explication de sa spontanéité créatrice, aussi bien que de l'étonnante ampleur de sa conception cosmique ? Une contemplation fervente de ses œuvres révèlera mieux que de sèches analyses que ce peintre pensait le pinceau à la main et peignait dans la fougue de la création.

Certes, il eut parfois des modèles. Nous avons déjà vu ailleurs que l'image qu'il s'est faite d'un nègre qui posa un jour pour lui, reste dans sa mémoire et revient dans plusieurs tableaux. Le mage noir de *L'adoration des mages*, d'Anvers, est né de ce souvenir, mais il n'est nullement la copie d'un des quatre aspects de ce modèle fixés sur l'esquisse de Bruxelles.

L'artiste s'est inspiré de son premier fils, Albert, né en juin 1614, dont il a fixé l'image dans le beau tableau *L'Enfant à l'oiseau*, des musées de Berlin. Pendant des années, il le reproduira, au même âge, sous les traits d'un enfant ou d'un angelot tantôt blond, tantôt brun, parfois même avec les deux teintes de cheveux dans le même tableau. L'enfant brun n'est pas, comme on l'a dit, son second fils Nicolas, né seulement en 1618. Le même enfant, soit blond soit brun, apparaît deux fois, représenté au même âge, dans des tableaux antérieurs à 1618, comme *La Vierge à la guirlande*, de la Pinacothèque de Munich, *L'Enfant Jésus avec saint Jean-Baptiste enfant*, du Musée d'Histoire de l'Art, de Vienne. On le retrouve également dans *La Vierge avec l'Enfant Jésus et saint Jean*, de Sans-Souci, à Potsdam, de même que, de 1610 à 1630, dans diverses *Saintes Familles*. Il est certain que le peintre n'a pu faire poser devant lui cet enfant, pour chacun de ces tableaux, car Albert apparaît toujours au même âge. Au surplus, ses attitudes écartent toute idée de séances de pose. On peut donc en conclure que l'artiste conservait, dans son imagination fidèle, l'image aimée qui ne variait guère, tandis que l'enfant grandissait.

Nous avons déjà observé le même phénomène à propos du type de femme qui figure, durant plus de vingt ans, dans les tableaux du maître, et où il ne peut s'agir – comme on l'a cru – d'une de ses épouses. Il serait possible de suivre dans son œuvre, étape par étape, la formation de cette image féminine idéale, que lui suggéra, sans doute, une antique statue de Junon. Elle surgit dans certaines œuvres exécutées à Rome : *La Vierge vénérée par des anges et des saints*, de Grenoble; *La Vierge aux anges*, de Santa Maria in Vallicella, de Rome; *La circoncision*, de San Ambrogio, de Gênes; puis dans *L'adoration des bergers*, de Fermo et d'Anvers; *L'adoration des mages*, du Prado, et dans différentes *Vierges* exécutées à Anvers entre 1609 et 1615. Ce n'est que par la suite que l'aspect d'Isabelle Brant percera sous cette figure déjà ancienne et, beaucoup plus tard encore, que l'on pourra y reconnaître l'image d'Hélène Fourment.

La réalisation de la forme par la couleur variera au cours des différentes étapes de la carrière du maître, mais à chaque stade, recherchant par nature l'ampleur et la vitalité, il confère aussi à ses figurations un caractère spécifique de style : la synthèse, sceau du grand artiste. Devant une figure sortie du pinceau de Rubens, le regard peut errer un moment sur les détails; il sera sans cesse et invinciblement ramené à l'unité de la forme. Un véritable artiste voit autrement que le commun des mortels : percevant tous les détails réels propres aux formes, il n'en retient volontairement que les éléments utiles à sa vision synthétique. L'image produite par la perception d'un être ou d'un objet se lie immédiatement dans sa puissante imagination, à une foule d'images analogues, conservées dans sa mémoire; il se crée dans son esprit une image générale plus ample que les images particulières et tout aussi véridique. Son cerveau opère comme un miroir magique. Par de subtiles transpositions, les formes surgissent en lui avec une puissance qui dépasse la réalité.

Répétons-le : ses figures ne sont pas choisies dans la réalité; elles sont une interprétation de la nature. Et si l'artiste dépasse parfois la nature, c'est pour arriver à une présentation plus expressive. Des muscles anormalement accusés ou même inexistants ne se sont introduits dans ses figures que pour leur éviter des plans unis et morts. L'ondulation excessive d'un bras, d'une jambe trop arquée, ne sont là que pour suggérer la vigueur vitale. On sait que l'artiste s'est insurgé contre les observations des gens de la cour de France au sujet de la cambrure des jambes dans les cartons pour la tapisserie de *L'Histoire de Constantin*.

Le potentiel de vie contenu dans les formes de Rubens peut s'expliquer par la psychologie. S'explique-t-il de même par le style? Nous le croyons aussi obtenu par des moyens purement picturaux.

Au début, Rubens essaya – parfois péniblement – d'y atteindre par la recherche de proportions extra-naturelles, par le gonflement de la silhouette qui, si elle n'est pas linéaire, s'indique néanmoins par la juxtaposition de tons.

Dans les œuvres de la maturité, c'est nettement le coloris qui prime et non plus le dessin. La silhouette est absorbée par une teinte neutre qui prolonge la forme dans l'atmosphère et la lie, presque imperceptiblement, à l'entourage. Le volume des formes n'est plus suggéré que par des tons dégradés, des nuances, et par rien qui ressemble au clair-obscur des Italiens. Pour donner aux

126

43. Le Martyre de saint Liévin (bois, 84,5 × 59 cm).
Esquisse. Détail. *(Rotterdam, Musée Boymans-van Beuningen.)*

45. L'Assomption (bois, 506 × 321,5 cm).
Détail. *(Anvers, Cathédrale.)*

L'Adoration des Bergers (toile, 401 × 295 cm).
tail. *(Anvers, Eglise Saint-Paul.)*

46. Le parc du Steen (bois, 72 × 104 cm).
(Tableau en dépôt à la Maison Rubens à Anvers, Coll. G. Dulière, Bruxelles.)

47. Le parc du Steen (bois, 52 × 97 cm).
(Vienne, Musée d'Histoire de l'Art.)

48. Le parc du Steen (bois, 72 × 104 cm).
Détail. *(Bruxelles, Coll. G. Dulière.)*

49. Le parc du Steen (bois, 52 × 97 cm).
Détail. *(Vienne, Musée d'Histoire de l'Art.)*

50. Le parc du Steen (bois, 72 × 104 cm).
Détail. *(Bruxelles, Coll. G. Dulière.)*

51. Le parc du Steen (bois, 52 × 97 cm).
Détail. *(Vienne, Musée d'Histoire de l'Art.)*

formes leur consistance, pour les faire « tourner » dans le plan du tableau, Rubens n'ajoute pas, comme ces derniers, un peu de brun ou de noir à ses teintes; il utilise la même gamme en descendant de ton. Même lorsque, peu après son retour d'Italie, il emploie encore des ombres brunes, il les rend un peu transparentes, ou, du moins, leur donne un rôle actif dans le coloris du tableau en y jetant des lueurs rouges.

Rien ne montrera mieux le caractère intégralement pictural de sa forme que l'examen d'un de ses dessins – blanc et noir – représentant une figure humaine. Nulle ligne continue, comme chez les grands dessinateurs tels que Raphaël ou Ingres. Délicat au départ, le trait s'appesantit pour accentuer le renflement d'un muscle, se durcit pour accuser un relief, s'étire, se rompt et reprend. C'est là un dessin virtuellement pictural.

Et pour saisir mieux encore ce même caractère de sa peinture, comparons sa manière avec celle d'un illustre représentant de la Renaissance italienne, Raphaël, par exemple. Chez celui-ci, la forme, bien plastique et délimitée, occupe par son volume même une partie de l'espace, mais l'espace est également suggéré par les différentes directions que l'artiste confère aux parties. Dans une figure de Rubens, le mouvement est expansif; il dépasse les limites de la forme plastique, lie cette forme aux autres et contribue ainsi à créer véritablement l'espace.

Aussi bien que la composition d'une forme isolée, la composition d'un groupement et celle du tableau se peignent chez Rubens sans ordre préétabli.

Pour les artistes de la Renaissance italienne, la géométrie constituait un art ayant sa beauté spécifique. En méditant la construction d'une composition, ces artistes se proposaient un schéma de lignes basé sur le triangle, le rectangle ou la circonférence, et recherchaient la clarté par un balancement équilibré des masses et même des couleurs. Même à l'époque baroque, un esprit raisonneur comme celui de Nicolas Poussin mûrissait longuement ses compositions en les étudiant par des dessins. On peut, certes, préférer pareilles combinaisons élaborées tant par l'intelligence que par l'imagination. Mais de quel droit voudrait-on les imposer à tout génie artistique? Les vrais génies créent leur ordre propre. Celui de Rubens est tout à l'opposé de celui des Italiens et des grands Français.

En cherchant à préciser sa composition, on serait tenté de parler de composition dynamique. Ce qualificatif serait bien en rapport avec l'expression de Constable, lorsqu'il parle de la figure de Marie de Médicis, au Louvre, qui triomphe au milieu d'une explosion de Cupidons. Mais cette expression de composition dynamique – si exacte soit-elle – est insuffisante. Car si les grands tableaux de Rubens donnent souvent une impression de tumulte, jamais ils ne donnent celle de désordre.

Nous croyons pouvoir dire que la composition de ce maître se distingue par une complexité ordonnée par le rythme vital qui la traverse. Grâce à ce rythme, les divers thèmes d'une grande composition s'ordonnent autour d'un thème principal, les multiples lumières se groupent avec les parties sombres, les tonalités chromatiques se répondent et s'harmonisent dans une orchestration tantôt dorée, tantôt argentée. Ce rythme général s'accorde parfois – mais pas toujours – à l'unité psychologique du sujet représenté. Il n'est, le plus souvent, que d'ordre constructif. Il est à la composition, ce qu'est le principe vital aux mouvements dans un organisme. Dans le désordre apparent d'une multitude de formes agissantes, il constitue une ligne de force qui polarise tous les mouvements.

Nous touchons ici au sommet de la puissance créatrice de Rubens et de l'art baroque en général. Au pôle opposé de la composition picturale, se trouve la composition statique à base linéaire, aux tons nets : celle des vases grecs, des tableaux de la Renaissance et de l'Académisme, des tableaux cubistes et expressionnistes de nos jours. Dans ces compositions statiques, les figures s'agglutinent. La clarté s'y établit par l'étalage de contrastes équilibrés de formes et de couleurs.

Rubens ne se sert-il donc jamais d'une forme géométrique dans ses compositions? L'affirmer serait excessif. On peut découvrir dans ses œuvres quelques groupements en triangle isocèle. Une composition comme celle de *L'adoration des mages,* du Musée royal d'Anvers, semble tourner autour de l'axe vertical que constitue la puissante figure du mage noir. Il est loisible de trouver dans la composition de *L'enlèvement des filles de Leucippe,* de Munich, une ordonnance d'équilibre : des masses, des directions, des couleurs qui se répondent deux par deux. Il s'y trouvent deux chevaux, un brun et un blanc; il y a deux hommes bruns et deux femmes blondes. Chacune de ces formes se dirige, avec des courbes et des contre-courbes, dans une direction opposée. Mais à peine notre esprit a-t-il saisi les concordances et les oppositions de cette figuration, qu'il est pris par l'enchevêtrement de toute cette construction abstraite, et seul subsiste encore le mouvement général qui tourbillonne.

Nous touchons ici de nouveau au mouvement de vie qui est l'essence même de la composition rubénienne. Il arrive que dans ce mouvement l'artiste introduise une partie stable, qui semble s'opposer au tumulte du reste, ou mieux une sorte de temps d'arrêt qui n'a d'autre but que de relancer plus vigoureusement le rythme. C'est ainsi qu'à un groupement composite, il oppose parfois l'unique stature monumentale de son héros. La chose se remarque dans *Les miracles de saint François-Xavier*, de Vienne, *Le miracle de saint Benoît*, de Bruxelles, *L'enlèvement des Sabines*, de Londres, *La montée au calvaire*, de Bruxelles. De ce dernier tableau, on cherche d'abord le sens et l'on est attiré, au deuxième plan, par le Christ défaillant sous la croix, qui fixe le spectateur d'un regard douloureux. Il arrive qu'on se souvienne, un instant, avoir déjà rencontré un Christ semblable chez Dürer ou chez Raphaël. Mais bien vite l'esprit est emporté par le mouvement qui traverse en diagonale l'ensemble de la composition, de droite à gauche, vers le calvaire où va s'accomplir le sacrifice suprême de l'Homme-Dieu. Ce mouvement de tout un cortège – que double le mouvement des quatre figures du premier plan – est suspendu, à mi-chemin, par le mouvement inverse de Véronique qui se jette vers le Christ pour lui essuyer le visage. Mais il reprend ensuite avec une vigueur accrue, pour monter vers la partie supérieure.

Il en va de même dans une autre composition, typiquement rubénienne, où le mouvement est poussé à l'extrême : *Le combat des Amazones*, de Munich. L'idée plastique d'un combat sur et autour d'un pont, l'artiste peut l'avoir trouvée dans *La bataille d'Anghiari*, de Léonard de Vinci, ou dans *La bataille de Cadore*, du Titien, mais l'ampleur du groupement et le rythme qui l'anime appartiennent en propre à Rubens. De la gauche, l'armée grecque s'élance contre les Amazones qui, partout, fuient éperdument, tandis qu'un groupe plus résolu résiste sur le pont du Thermodon. Le choc est affreux : c'est un enchevêtrement de chevaux cabrés, de combattants qui se ruent et s'entremêlent, de corps qui s'écroulent. D'où résulte alors l'unité? Autour de la base stable du pont arqué, des deux côtés, au premier plan, ce mouvement se fait semi-circulaire. Si, jusque dans la profondeur sous le pont, les figures se dispersent en des sens très divers, tous ces mouvements divergents sont néanmoins dominés par le grand rythme général qui court de gauche à droite.

De telles compositions sont nombreuses dans l'œuvre de Rubens : notamment dans *La conversion de saint Paul*, de Munich, *La défaite de Sennachérib*, de Munich, *La bataille et la mort de Decius Mus*, de Vaduz, et les diverses *Chasses aux fauves*. Dans tous ces tableaux règne un véritable tumulte, mais point de désordre : un centre réel et un rythme diagonal s'y distinguent toujours. Il en va de même dans la plupart des paysages créés par ce maître. Tout particulièrement dans le *Paysage d'orage*, du musée de Vienne. Les éléments y sont déchaînés : une tornade s'abat sur la terre convulsée, les arbres sont tordus par l'ouragan, le ciel est sillonné d'éclairs, la nature est en pleine épouvante; mais toujours l'ensemble est subordonné à un rythme commun.

Ainsi, dans les œuvres les plus caractéristiques du génie de Rubens – celles de la maturité – toute pondération est bousculée par l'allure mouvementée des formes qui s'interpénètrent ou glissent les unes derrière les autres, ne paraissent même pas arrêtées par le cadre. Ce mouvement roule des détails à l'unité, et vice versa. Sous l'empire de l'intelligence et de l'émotion de l'artiste, il s'ordonne, grâce au rythme général, qui suggère l'idée d'une puissante unité vitale.

On a coutume de ne pas prêter au coloris, cet élément essentiel du style pictural, une attention égale à celle qu'on accorde à la composition. Serait-ce parce qu'il s'agit d'un élément plus subtil? De toute façon, sa contribution à la beauté de l'œuvre est primordiale. Ainsi, dans l'œuvre de Rubens, le coloris n'est-il pas l'élément le plus expressif de la vitalité de l'esprit du maître?
Chez lui – comme d'ailleurs chez tous les bons peintres de toutes les époques – la richesse intrinsèque du coloris constitue une pure joie pour les yeux. Chacun en conviendra. Aussi, à ce propos, pourrons-nous nous borner à deux observations.
La première concerne l'extrême économie de la palette de l'artiste. Ce serait une erreur de croire que la richesse chromatique de ses meilleurs tableaux présuppose sur sa palette une variété inégalée de couleurs. Ceux qui admirent la rutilance du coloris de Rubens seraient probablement fort étonnés d'apprendre qu'une demi-douzaine de couleurs seulement – les primaires et leurs complémentaires – lui suffisaient pour créer cette splendide et confondante variété de tons.
L'admirable esquisse, *Le martyre de sainte Gudule,* des

Musées royaux de Bruxelles, évoque le massacre des onze mille vierges par une armée entière. Le peintre n'y a utilisé que dix figures de femmes et trois figures de soldats. L'œuvre ne comporte que trois couleurs et elle n'en offre pas moins une grande diversité de nuances. Si, en dépit de l'économie des moyens employés, les œuvres de Rubens produisent l'effet d'être très colorées, la chose est due, en partie, à l'audace du peintre qui recherche l'emploi de couleurs vives, sans se borner à l'imitation de celles de la nature. Il ose, suivant les exigences de sa composition picturale, modifier résolument l'exacte couleur des objets : les corps masculins seront rendus par des tons bruns; des tons vermeils feront resplendir les chairs féminines; des arbres seront peints en rouge ou en noir. Dans *Le couronnement d'un héros*, esquisse au musée de Vienne, un jaune cadmium marque la partie la plus éclairée du bras de la figure féminine. Dans *La chasse d'Atalante*, de Bruxelles, des arbres ont des racines rouges, et ne trouve-t-on pas du rose dans l'armure d'acier du *Portrait du marquis de Leganes*, de la collection de Mrs. Gutekunst à Londres? Ainsi, chez Rubens se rencontrent les contrastes les plus inattendus et jusqu'à des notes criardes, comme le rouge de la toque d'un des bourreaux dans *Le martyre de saint Liévin*, de Bruxelles, ou encore dans *L'assomption*, de l'église Notre-Dame, d'Anvers, le bleu du manteau de la Vierge parmi les tons argentés des angelots.

Toutes ces audaces lui servent à rendre adéquatement sa vision intérieure et à communiquer à son œuvre le frémissement de vie qui l'anime au cours de l'exécution. La seconde observation qui s'impose, quant à la richesse du coloris, c'est que Rubens s'écarte délibérément de la théorie comme de la pratique des Italiens de la Renaissance concernant l'emploi des couleurs.

Dès 1618, Rubens avait entrevu ce que les impressionnistes modernes ont définitivement assimilé : l'importance de la juxtaposition des couleurs pures. Deux tons crûment confrontés produiront sur la rétine l'impression d'un ton plus intense que celui que donnerait le mélange de ces deux couleurs.

Comme les impressionnistes, il fait également un emploi judicieux des complémentaires. Chacune des couleurs primaires est exaltée par l'opposition du mélange des deux autres. Le bleu se fait valoir par l'orangé, qui est un mélange de rouge et de jaune; le rouge par l'opposition au vert, composé de bleu et de jaune; le jaune par celle du violet, procédant du rouge et du bleu.

Les peintures de Rubens présentent des audaces qui ne se trouvent pas chez les peintres modernes. Ne hausse-t-il pas la valeur des tons pleins par l'opposition d'un noir ou d'un gris? N'a-t-il pas trouvé le ton nacré qui enlève à l'épiderme humain toute sa matérialité et rachète ce que d'aucuns pourraient reprocher de vulgaire à ses femmes à leur gré trop bien en chair? N'applique-t-il pas des taches de rouge partout où il veut donner l'impression de vigueur? On en trouve notamment sur la patte d'une grande tortue dans une *Nature morte* que nous avons découverte dans une collection privée de Paris; sur un crocodile dans *Les quatre parties du monde,* du musée de Vienne; sur la croix centrale des *Trois croix,* du Musée Boymans-Van Beuningen de Rotterdam; sous la queue levée d'un chien, dans *La chasse d'Atalante,* des Musées royaux de Bruxelles.

144

IX. Débarquement de Marie de Médicis au port de Marseill
Esquisse. *(Munich, Pinacothèque*

A mesure que l'artiste développe, dans sa maturité, les ressources de son métier, il multiplie les nuances tout en les accordant; il les fait glisser les unes dans les autres. Des demi-teintes produisent une auréole à la place des silhouettes qui, trop nettes, risqueraient d'enfermer les formes, de les stabiliser en les condensant. Ses nuances sont parfois si délicates que, dans les *Assomptions*, les corps des angelots perdent leur densité et semblent prendre l'aspect des nuages pénétrés de lumières qui les supportent, au point que l'artiste se trouve obligé de les séparer les uns des autres par un trait.

Un tel coloris, particulièrement lorsque le jeu de la lumière y est intimement mêlé, contribue largement à conférer à tout l'ensemble mouvement et unité de composition. Les teintes s'appellent, s'entremêlent, se lient, soutiennent le mouvement général et, par leurs accords, produisent une polyphonie bien orchestrée.

Ainsi, un tableau de la maturité de Rubens n'est plus la représentation d'une quelconque réalité, mais bien celle d'un monde imaginaire, où tout se fusionne dans un frémissement de vie, qui n'a plus rien de commun avec la vie naturelle.

Il nous reste à examiner un dernier élément de style, généralement dédaigné, bien qu'également essentiel : la facture, la manière d'appliquer la couleur, le travail du pinceau. Et disons immédiatement que l'étude prolongée des œuvres de Rubens nous a conduit à nous former, sur sa façon de travailler, une opinion différente de celle de bien des érudits.

La meilleure méthode pour découvrir la technique

picturale de cet artiste est d'examiner de près ses esquisses : là, toute collaboration d'aides éventuels étant exclue, on peut voir l'artiste lui-même penser en formes colorées, suivre de près la réalisation de ses visions, découvrir les subtilités de son métier. Par la suite on s'appliquera à découvrir comment la même facture peut s'observer dans les tableaux de grand format.

Donc, comment Rubens peignait-il ses esquisses?

Commence-t-il par ébaucher sa composition au moyen d'un dessin linéaire au fusain ou à la craie? Non. Nous n'avons découvert que deux ou trois cas ou un dessin sommaire était visible sous la couche généralement mince et transparente de la couleur; encore faut-il signaler, en l'espèce, que Rubens s'est écarté de ce dessin en cours de travail : on peut le constater dans *La mort d'Hector*, esquisse de la série de *L'histoire d'Achille*, au Musée Boymans-Van Beuningen, de Rotterdam.

L'artiste peint ses esquisses d'une main agile. Il compose tout en peignant. Sa vision intérieure du sujet est si nette, sa main si prodigieusement sûre, qu'il doit bien rarement se reprendre.

La sous-peinture préparatoire brunâtre sera largement épargnée : elle pourra servir à constituer les ombres et les lointains. L'artiste commence par des frottis, et de larges traits bruns modèlent les formes les plus importantes. Puis, par des tons rouges, bleus ou ocrés, il confère plus de consistance aux formes. Des couleurs plus claires : rose, vert tendre, bleu ardoise, accentuent les reliefs.

L'exécution est d'une souplesse et d'une netteté stupéfiantes. Que ce soit un trait prolongé, une brève virgule, un point ou un empâtement blanc, toujours la touche du pinceau suggère à la fois la forme, son volume, son apparence dans la lumière, sa place dans l'espace.

L'émotion esthétique, qui saisit l'artiste dans la fièvre de la création, se reflète dans la facture. La touche, d'une vivacité extraordinaire, révèle l'impulsion émotive qui l'a commandée. Sa forme nous enseigne que cette émotion se double d'une sensation tactile de la main qui semble palper l'objet à suggérer.

Et puis, l'artiste ne façonne pas lentement le tableau morceau par morceau. Il s'attaque à la composition entière, sans cesse complétée, de gauche à droite. Il termine par quelques notes claires, quelques fulgurations, en traits légers empâtés.

Les œuvres de grand format autorisent les mêmes remarques, à condition d'être analysées de près. Point n'est besoin de verres grossissants, moins encore de microscope ou d'instruments dits scientifiques. L'œil nu suffit, pourvu qu'il soit attentif, qu'il scrute toutes les parties de ces immenses toiles, qu'on a l'habitude de contempler de loin pour en juger exclusivement la composition d'ensemble. Leur exécution ne diffère en rien de celle des esquisses, si ce n'est que la brosse a remplacé le pinceau. L'allure en est devenue plus large et comme plus souveraine : la foudroyante sûreté du coup de brosse, tout comme l'allégresse magistrale de la touche du pinceau, suit le mouvement de la forme, se soumet au rythme général de la composition.

En outre, l'artiste applique ici le même procédé que dans les esquisses, allant du sombre au clair. Les ombres sont posées les premières dans une pâte légèrement frottée sur le panneau ou la toile. Les parties claires viennent ensuite. Les accents de lumière sont indiqués en empâtements. Le travail est toujours direct. Une touche suffit. Ceux qui parlent de glacis, dans le travail de Rubens, n'ont pas observé attentivement ses œuvres : il n'y a de glacis que là où le peintre a eu recours à de la laque rouge.

Voyons également ce que nous pourrions appeler l'adresse de l'artiste, c'est-à-dire sa manière de manier le pinceau ou la brosse : une rotation du poignet, un tour de main produit une courbe; une contraction des doigts fait lâcher au pinceau un peu plus de couleur et marque la saillie d'un muscle; un trait en empâtement fait surgir un relief; une touche blanche suggèrera l'éclat du regard; quelques touches claires évoqueront la dureté des joyaux, et de légers frottis, avec quelques rehauts, rendront la fragile transparence d'un voile. Bref, c'est à la virtuosité d'exécution que se reconnaîtra le plus aisément une œuvre authentique de Rubens, surtout celles de la maturité. Tout y est direct et de premier jet. Ni dessin préalable sur l'œuvre, ni essai, ni tâtonnement. Très rarement un repentir.

Dans ses tableaux, Rubens travaillait d'inspiration, en inventant à mesure qu'il exécutait. Il est aisé de le constater dans toutes les œuvres des vingt dernières années, et mieux encore dans les tableaux inachevés. Dans *La bataille de Tunis*, des musées de Berlin, l'artiste a marqué le centre dès le début par des tons fermes de rouge, de brun et de vert. Son pinceau se détourne constamment du groupe central pour continuer à esquisser rapidement par quelques frottis ou quelques traits, tantôt à gauche, tantôt à droite. Puis il revient au centre pour l'affermir par quelques empâtements, retourne au mouvement général, à gauche, pour finir par ébaucher sur la droite, en quelques formes hachées, la vision du reste de la bataille. Nous avons entendu évoquer, à propos de cette œuvre, le nom d'Eugène Delacroix. Malgré toute notre admiration pour la puissance d'imagination du grand romantique français, nous ne pensons pas qu'il aurait été capable d'exprimer d'emblée le mouvement prodigieux de cette composition, faite en une heure ou deux.

Ainsi, en peignant ses tableaux grands ou petits, Rubens procède comme pour ses esquisses : il improvise. *Le Portrait d'Hélène Fourment et ses enfants,* du Louvre, est une œuvre de grandeur moyenne, mais on peut parfaitement constater qu'elle a été traitée avec la légèreté et la rapidité d'une esquisse, du moins quand on supprime par l'imagination les vernis teintés laissés lors du récent nettoyage. Dans les tableaux entièrement achevés de la dernière époque on remarque que chaque trait, chaque touche porte et que l'artiste travaillait très vite.

Rubens avait admiré le savoir-faire des baroques vénitiens et leur célèbre « fa presto ». Grâce à sa grande virtuosité, il l'appliqua à son tour et souvent mieux qu'eux. A la fin de sa carrière, lorsqu'il était exalté par le travail, la confection d'un tableau devenait pour lui une improvisation lyrique qui ne lui coûtait aucun effort apparent.

Il nous paraît opportun de faire ici appel au témoignage d'un grand peintre anglais, Sir Joshua Reynolds, qui a dit de Rubens : « D'un œil de peintre, il voit d'emblée le caractère prédominant qui révèle et distingue chaque objet, et exécute aussitôt celui-ci avec une facilité étonnante. Dans le domaine technique de l'art, il fut peut-être le plus grand de tous les maîtres, l'ouvrier qui se servit le mieux de ses outils, c'est-à-dire de son pinceau. »

Cette virtuosité se trouve à l'origine de l'assertion toute gratuite selon laquelle Rubens aurait créé une technique facile à suivre pour des « collaborateurs ». C'est à tort qu'on explique par là l'étendue et la cohésion de son « école ». En fait, aucun de ses imitateurs n'a pu l'égaler. La technique de sa maturité est extrêmement composite, comme celle de tous les grands peintres parvenus au sommet de leur carrière, tels le Titien, Velasquez, Rembrandt, Hals ou Delacroix. Elle ne nous paraît aisée que parce qu'elle le fut pour le génial artiste. Elle fut le fruit de longues années d'efforts. Si, lorsqu'il la posséda enfin, elle lui permit de créer en formes colorées un univers esthétique, aussi véridique que notre univers réel, et si elle obéit à sa fougue créatrice, c'est parce que le maître pensait et sentait le pinceau à la main, que sa main suivait docilement l'allure ample de ses visions et le mouvement impétueux de ses sentiments, que les touches de son pinceau répondaient directement aux impulsions de son esprit. C'est de cette façon spontanée qu'un Shakespeare, un Bach, un Mozart ou un Chopin produisirent leurs chefs-d'œuvre.

Le propre du génie est de déplacer les bornes de la tradition. Rubens s'est créé ainsi un style personnel pour exprimer sa vision nouvelle du monde, qui, tout en s'appuyant sur la tradition, la transcende, pour en créer une nouvelle : celle de ce qu'il est convenu d'appeler l'« école de Rubens ». Ce style rubénien créa, en effet, un Baroque tout neuf que nous serions tenté d'appeler le Baroque septentrional, et comme Rubens s'attaqua avec une étonnante maîtrise à tous les genres : scènes religieuses, historiques et mythologiques, portraits, paysages, scènes de chasse ou natures mortes, tous les peintres flamands de quelque valeur qui se spécialisaient de plus en plus dans un genre, cherchèrent à suivre sa manière. Dans le domaine de la composition, ce sont Th. Rombouts, M. Pepyn, Jean Cossiers, Pierre van Mol, Gérard Seghers et les Francken; en fait de portraitistes, ce sont surtout Corneille de Vos, Gonzales Coques, les trois Franchoys et les deux Van Oost; puis il y a les paysagistes Jean Breughel I et II, Luc van Uden, Jean Wildens, Louis de Vadder; les animaliers Jean Fyt, Paul de Vos et François Snyders. Sans doute, chacun d'eux possède quelque caractère distinctif, mais tous empruntent à Rubens le meilleur de leur style, au point que l'histoire de l'art continue à mentionner, comme ayant été ses élèves, ces divers artistes, qui ne furent que ses suiveurs. Jusqu'à Gérard Seghers – l'ancien élève de Barthélemy Manfredi, à Rome, dont-il avait repris les fortes oppositions de lumière – le seul peintre flamand qui avait cru pouvoir échapper à l'ascendant du prestigieux Rubens, qui finira par suivre à son tour sa manière. Sandrart avait connu et admiré Gérard Seghers à Rome. Il raconte plus tard que lorsqu'il le rencontra à Amsterdam, en 1645, l'artiste avait tellement modifié son style, qu'il ne reconnaissait plus ses œuvres. Seghers avoua alors à Sandrart que « le style de Rubens et Van Dyck plaisait à ce point aux gens, qu'il avait été forcé d'adopter cette manière de peindre ».

Seuls parvinrent à s'affranchir de pareille tutelle des maîtres d'une personnalité fortement marquée, comme Van Dyck et Jordaens, qui pourtant, eux aussi, avaient commencé par emboîter le pas à Rubens. Les autres continuèrent à peindre dans le style du grand Flamand, et ce n'est qu'après la mort de celui-ci, lorsqu'ils n'étaient plus soutenus par son exemple, qu'ils se tournèrent vers le style plus édulcoré de Van Dyck.

SES ESQUISSES ET LE PROBLÈME DE SES COLLABORATEURS

Effarés par l'ampleur de la production de Rubens, les anciens auteurs avaient déjà essayé de l'expliquer par l'activité d'un vaste atelier où quantité d'élèves et de collaborateurs auraient travaillé sous l'œil du maître. Pour la plupart des historiens d'art d'aujourd'hui, pareille opinion est toujours de rigueur : le seul Rubens n'a pu produire aussi abondamment; il a dû être entouré d'artistes, formés par ses soins, qui exécutaient, d'après ses esquisses, ses tableaux de grandes dimensions. Et l'on décrit le maître allant d'un collaborateur à l'autre, prodiguant ses conseils, corrigeant de-ci, de-là, appliquant les dernières touches pour donner la chaleur de la vie, puis se retirant à l'écart, pour exécuter de nouvelles esquisses. On a parlé ainsi de « l'usine Rubens » où auraient été fabriquées les « grandes machines » du maître. On a accepté ceci à l'envi, on en a disserté avec assurance, comme si, la

154

52. Le parc du Steen (bois, 72 × 104 cm).
Détail. *(Bruxelles, Coll. G. Dulière.)*

53. Le parc du Steen (bois, 52 × 97 cm).
Détail. *(Vienne, Musée d'Histoire de l'Art.)*

54. Méléagre et Atalante (bois, 56 × 46,5 cm).
Esquisse. Détail. *(New York, Coll. Buchenau.)*

55. L'Adoration des Mages (bois, 54,5 × 76,5 cm).
Esquisse. Détail. *(Groninghe, Musée Provincial.)*

56. Le triomphe de la Vérité de l'Eucharistie sur les hérétiques (bois, 36 × 47 cm).
Esquisse. Détail. *(Paris, Coll. Salavin.)*

57. La Vierge et l'Enfant (toile, 99 × 75 cm).
Détail. *(Bruxelles, Coll. Ch. Franck.)*

58. Le martyre de saint Adrien (bois, 32 × 40 cm).
Esquisse. Détail. (*Versailles, Coll. Leroux.*)

veille encore, on avait assisté à une séance de travail. Cela n'empêche que tout cela est pure légende. Nous allons essayer de le démontrer. Voyons tout d'abord les lieux, tout au moins dans l'état où ils se trouvent dans la maison récemment restaurée du maître. Cet atelier, ou plutôt cette usine, a dû être reconstruit, d'après les fondations, les murs et les entrées de poutres que l'on avait retrouvés. Il ne mesure que 13 m sur 8 m 50, ce qui représente à peine l'espace voulu pour travailler à trois grand tableaux en même temps! On aurait évidemment pu installer un autre atelier dans la « vaste salle circulaire » où Rubens exposait ses marbres antiques, monnaies, gemmes et tableaux. Selon Roger de Piles, c'était « une salle de forme ronde, comme le Panthéon, qui est à Rome, et où le jour n'entre que par le haut et par une seule ouverture qui est le centre du dôme ». Cela semble donc être un espace très vaste, mais la réalité était plus modeste : la récente restauration a exhumé les fondations de cette salle circulaire, ou plutôt semi-curculaire, construite à l'extrémité du corps de logis, et qui a été reconstituée d'après les reproductions gravées qu'on en possède. Elle est jolie, certes, mais de dimensions fort réduites, et il y a lieu de supposer que Rubens a été contraint de disperses ses collections dans toute la maison. Cette « usine », Rubens pouvait l'avoir installée ailleurs que chez lui, par exemple, dans son ancien atelier du grenier de son beau-père. Mais cet atelier était-il plus vaste? Probablement pas, et puis aucun document n'y fait allusion. Force nous est donc d'imaginer cette « usine » dans l'atelier même du maître et de la réduire à sa plus simple expression, c'est-à-dire à la collaboration d'un ou deux aides permanents, qui étaient plutôt des domestiques que des collaborateurs, des disciples ou des élèves, et quelques collaborateurs occasionnels, comme ceux dont il fait mention dans certains documents.

Passons à présent aux œuvres mêmes du maître, et il convient alors de commencer par l'examen de leur style. La valeur de pareil témoignage dépasse celle des affirmations, fût-ce d'historiens de la fin du XVIIe siècle, *a fortiori* d'érudits modernes interprétant des documents écrits, sujets à des gloses subjectives. Quand le style d'une œuvre révèle l'esprit et les moyens d'expression propres à un artiste, cette constatation doit lever le doute : l'œuvre est bien de lui et de lui seul.

Mais comment discerner, dans la nombreuse production qui figure sous le nom de Rubens, ce qui est de lui et ce qui serait de ses éventuels collaborateurs? Nous l'avons déjà dit : il n'est qu'un seul moyen, c'est de bien étudier le style de ses œuvres les plus authentiques et de ne plus se contenter d'une image approximative, trop vite clichée en quelques faciles formules : composition éminemment baroque, formes rebondies, mouvements excessifs, couleurs vives, – on connaît l'antienne. Pour apprendre à connaître les caractères essentiels du style du maître, la méthode la plus logique consiste à examiner celles de ses œuvres unanimement reconnues comme étant de sa main, où tout soupçon de collaboration doit être écarté : ses esquisses.

Contrairement à l'assertion constamment répétée, ces esquisses ne sont pas des études en vue d'une composition donnée. Elles sont, très rarement, des ébauches, reprises dans une autre esquisse. Certaines furent exécutées pour servir aux graveurs qui devaient reproduire de grandes compositions du maître. D'autres étaient des projets proposés à des tapissiers, notamment celles d'où furent tirées les séries de tapisseries connues comme *L'histoire de Decius Mus, L'histoire de Constantin, Le triomphe de l'Eucharistie.* Mais la plupart des esquisses sont ce qu'on appelait à l'époque, en flamand, des « modellen » – les Italiens disaient « modelli » – des modèles à soumettre aux clients, ainsi que nous l'avons déjà signalé plus haut.

Nous avons eu l'occasion d'étudier de près un grand nombre d'esquisses des différentes époques de la carrière de l'artiste. Malgré certaines divergences dans la forme et le coloris, suivant le moment de leur exécution, toutes portent nettement le sceau de l'esprit et la griffe picturale de Rubens, et toutes sont exécutées d'après un même procédé. Sur une préparation bien blanche et bien lisse, il a fait étendre par un aide une très légère couche de couleur brune. Ce premier fond est épargné par lui et servira aux ombres légères et aux lointains. Les ombres plus fortes et les formes générales sont ensuite indiquées par des frottis et des traits dans un brun plus foncé. Le peintre poursuit en indiquant plus nettement, par des teintes variées et de plus en plus claires, les formes, les volumes, les plans; il donne à la fois plus de précision et de solidité et, à l'encontre des peintres modernes, il suggère par une matière de plus en plus épaisse la figuration en relief. Les effets de lumière sont rendus par une couleur presque blanche, en empâtement. Cette peinture si saine est d'une fraîcheur extrême et les siècles ne lui ont rien enlevé de son éclat.

La seconde conclusion qui se dégage de l'étude des esquisses, c'est que Rubens exécutait ces petits tableaux d'une manière extrêmement rapide, avec une aisance surprenante. A les examiner de près, on est frappé d'étonnement et d'admiration devant la virtuosité d'exécution du maître, qui note à la fois la forme, la couleur, la distance et le mouvement.

L'examen des esquisses révèle que Rubens pensait en formes et en couleurs. La spontanéité de sa création explique la rareté des dessins préparatoires. L'artiste n'en avait nul besoin. De même n'avait-il que faire de la pose d'un modèle : ainsi que nous l'avons déjà fait observer, nombre de ses figures, notamment dans *La chute d'Icare*, ont des attitudes qu'un modèle aurait été dans l'impossibilité de prendre.

Il faudra bien, un jour, éliminer de l'œuvre de Rubens quantité de dessins qu'on lui attribue couramment, mais qui ne sont, en réalité, que copies, croquis, notes ou études d'artistes de sa suite d'après des figures ou des compositions du maître. A l'exception des dessins d'étude exécutés dans sa jeunesse, puis en Italie, – et dont Roger de Piles prétendait avoir possédé un album –, nous ne pouvons admettre comme authentiques que des notations prises à la campagne, arbustes et paysages, des attitudes serrées d'un nu pour fixer une attitude insuffisamment précisée par son imagination, enfin des croquis pour des portraits. Quant aux dessins de compositions, il n'en existe guère qui datent de sa maturité et très peu des années de formation.

Dans les esquisses comme dans les dessins, jamais ne s'observent un tâtonnement, une recherche de la forme, moins encore un essai et rarement des « repentirs ».

168

Pour procéder avec cette prompte assurance, il fallait que le maître eût imaginé nettement les formes, le groupement, l'agencement des parties avec le tout, le rythme du mouvement et même les nuances du coloris et le jeu de la lumière. C'est assez justement que Fromentin a parlé de « la préméditation calme et savante de Rubens ». Quand le maître, cédant à certaines impulsions ou à quelque exigence, consentait à modifier la présentation d'un sujet, il ne corrigeait pas son esquisse, mais en exécutait une tout autre : nous en avons signalé des cas précis. Ceci nous amène à une constatation importante : l'analyse minutieuse des esquisses démontre à suffisance que l'exécution de la plupart de celles-ci ne devait pas dépasser une demi-heure, chose qui a d'ailleurs été confirmée par un témoignage de Marie de Médicis.

Certains érudits, pour qui tous les problèmes de l'histoire de l'art se résument en l'accumulation de documents permettant de dresser des listes de dates et d'esquisser un mécanisme d'évolution d'un style, ne semblent pas se rendre compte de la complexité de la vie psychique d'un artiste, ne paraissent pas saisir la puissance créatrice de Rubens. Nous sommes, quant à nous, persuadés qu'on arrivera un jour à considérer Rubens comme l'un des plus grands créateurs dans le domaine de l'art. On verra alors en lui l'égal de Michel-Ange, qui, lui, était toujours à la recherche laborieuse de formes colossales, mais incapable de les projeter dans l'espace; l'égal de Raphaël, dont les formes sages sont les produits d'un esprit raisonneur; l'égal, encore, de Léonard de Vinci, créateur éminent lui aussi, certes, mais qui réalisa si peu au complet, laissant presque tout inachevé.

Nous pouvons à présent aborder l'examen des grands tableaux, en y englobant ceux où l'on a soupçonné une collaboration d'élèves. Nous pourrons constater que le même esprit s'y manifeste, que la même facture légère et enlevée y est visible. Ce sera la preuve qu'ils sont bien de la main de Rubens et uniquement de la sienne. Pour en trouver la confirmation, quoi de plus édifiant que de comparer les esquisses exécutées pour servir de modèles avec les tableaux qui s'y rapportent et dont on prétend que l'exécution aurait été confiée à des élèves? Nous avons suivi cette méthode pour de très nombreuses œuvres, et notre conclusion a toujours été identique. Le lecteur pourra d'ailleurs s'en rendre compte par lui-même, en examinant de près des détails de tel ou tel tableau.

Que pourra-t-il constater ainsi? Que le geste d'exécution est le même que dans les esquisses, à ce détail près, qu'il est plus large, la brosse ayant remplacé le pinceau. La nervosité de l'exécution est cependant la même, le frottis est aussi vif, les traits et les touches sont aussi rapides, et le velouté des contours s'y fond tout aussi parfaitement avec le ton ambiant pour engendrer le mouvement continu.

Mais comment se fait-il qu'on ne l'ait guère observé à ce jour? C'est que les grands tableaux sont généralement difficiles à examiner. Ils pendent trop haut dans des églises trop sombres. S'ils sont exposés dans des musées, seules les parties inférieures en sont visibles de près. Et, comme ils sont immenses, on se borne à les contempler à distance et à n'observer que la composition. Et puis, ne possèdent-ils pas leur réputation historique? On continue donc à considérer la plupart d'entre eux comme des travaux d'atelier, ne méritant d'admiration que pour l'invention du groupement général et, quelque peu, pour le coloris général.

Pourtant, quiconque se donnerait la peine de les examiner de près, en essayant d'en suivre l'exécution, comprendrait que celle-ci est la même que dans les esquisses et que, pour Rubens, cette exécution n'a pris que le temps matériel de prélever la couleur sur la palette et de l'étendre sur la toile, c'est-à-dire, un jour, parfois quelques jours au plus.

Qu'on n'objecte pas que les pièces d'archives démontrent qu'il s'écoulait souvent des mois, parfois des années, entre une commande et son exécution. Ceci ne prouve rien. L'artiste pouvait être absorbé par d'autres obligations ou des commandes antérieures, comme il pouvait attendre que l'œuvre en gestation lui apparût enfin clairement, pour pouvoir, au moment où il se sentirait en verve, entamer et achever le tableau en fort peu de temps.

Si nous osons formuler une pareille conclusion, c'est parce que, pendant des années, nous avons procédé à l'examen attentif de nombreux grands tableaux de Rubens. Tous ceux qui furent confiés à nos soins, au Musées royaux des Beaux-Arts de Belgique, à Bruxelles, ont été nettoyés sous nos yeux. Ils furent couchés sur le sol et, à l'aide d'une passerelle qui les enjambait, nous avons pu nous approcher de toutes les parties de l'œuvre pour les examiner de près et en scruter chaque détail. Lorsque des tableaux, appartenant à des églises de Belgique, ont été retirés de leurs abris de guerre, nous avons eu l'occasion de procéder à une observation minutieuse de ces œuvres. Par ailleurs nous avons également étudié de près la plupart des grands tableaux de l'artiste se trouvant dans les musées d'Europe et des Etats-Unis.

Après une étude assidue et prolongée de ces grands tableaux, il n'est plus douteux pour nous que le style et l'exécution y soient les mêmes que dans les esquisses et que c'est bien le maître lui-même qui en soit l'auteur. Dans toutes ces œuvres, nous avons reconnu la main de Rubens et non celle de l'un ou l'autre de ses « collaborateurs ».

Une collaboration directe à l'exécution de ces tableaux est, d'ailleurs, infirmée par une autre constatation. Une comparaison de ces œuvres avec les modèles préalablement soumis aux clients révèle des modifications qui sont toujours des amendements. Quel élève ou collaborateur aurait été assez présomptueux pour trouver à corriger Rubens?

C'est, par conséquent, l'examen attentif des œuvres mêmes qui s'oppose à la légende du vaste atelier où plusieurs artistes, sous la direction de Rubens, auraient travaillé de concert à ses grands tableaux.

Comme nous l'avons déjà dit, Rubens n'en a pas moins eu parfois recours à l'un ou l'autre artiste de ses relations pour peindre tel ou tel détail qui était de sa spécialité, tout comme il a également employé certains peintres pour accomplir des travaux de copie d'après ses œuvres originales, soit en guise de répliques, soit sous forme de modèles à fournir aux graveurs appelés à faire des gravures d'après ses œuvres.

Nous ne voulons pas passer sous silence la citation, dans des inventaires – surtout anversois – de la seconde moitié du XVIIe siècle, de plusieurs tableaux présentés comme ayant été exécutés par Rubens en collaboration avec d'autres artistes nommément désignés. Les attributions, faites par des collectionneurs, légataires, notaires ou marchands, sont toujours sujettes à caution: celles-ci sont souvent intéressées. D'ailleurs elles sont postérieures à la mort de Rubens. Signalons néanmoins que nous avons trouvé mentionnées dans ces inventaires : deux fois la collaboration de Jean Boeckhorst, une fois celle de Paul Bril, deux fois celle de Jean Breughel, une fois celle de Corneille van Dael, une fois celle de Abraham van Diepenbeeck, quatre fois celle de Sachtleven, une fois celle de François Snyders (pour les 18 tableaux commandés par l'archiduc Ferdinand en 1640), deux fois celle de Pierre Snayers, trois fois celle de Paul de Vos, deux fois celle de Jean Wildens, – et jamais celle de Van Dyck. Une collaboration, en effet, s'est ainsi établie momentanément entre Rubens et certains artistes de son entourage. Nous l'admettons volontiers.

Jean Breughel était l'ami de Rubens qui lui servit de secrétaire pour les lettres italiennes à envoyer au cardinal Borromée; il fut autorisé à toucher le paiement pour *La vocation de saint Bavon*, à Gand, et accepta d'être le tuteur de ses enfants.

Breughel était un excellent peintre, possédant le métier de Rubens, mais ne produisant que des œuvres de petit format, très soignées. Le maître se complaisait à collaborer avec lui à des tableaux de chevalet. Il bridait alors son tempérament, pour l'adapter à la manière de son ami. Mais son tour d'esprit demeure toujours apparent dans ces tableaux. Témoin, *Le départ de Diane pour la chasse*, de la galerie d'Augsbourg, où

nous avons remarqué le monogramme de Rubens et
la signature de Jean Breughel; le maître attachait de
l'importance à ce tableau, car il le garda chez lui jusqu'à la fin de sa vie, et nous le retrouvons sous le nº 269
dans la « Spécification » des tableaux recensés à sa
mortuaire. Même observation encore pour *Le paradis
terrestre*, de la Maison du Prince Maurice, de La Haye,
où Breughel déploie tout le charme de sa palette et de
sa facture spirituelle, et où Rubens donne une admirable interprétation baroque de la forme et une merveil-
leuse transparence nacrée de la chair dans les figures
d'Adam et d'Eve. On connaît plusieurs tableaux de ce
genre, où les deux artistes rivalisent, tout en sauve-
gardant leur individualité.

Le maître a également travaillé avec Paul de Vos. On
trouve, dans la « Spécification », sous la rubrique des
œuvres du maître lui-même : nº 153 « un villageois avec
une villageoise, avec beaucoup de venaison et des
fruits faits par Paul de Vos ».

Snyders fut invité par Rubens à collaborer avec lui,
mais pas aussi tôt ni autant qu'on le prétend. Dans la
liste des tableaux soumise à Sir Dudley Carleton le
28 avril 1618, est mentionné un *Prométhée* où Snyders,
de l'aveu de Rubens, a peint l'aigle. Le *Pythagore et ses
disciples*, du Palais de Buckingham, à Londres, pourrait être le tableau cité sous la rubrique des tableaux
du maître dans la «Spécification »: nº 168 «une grande
pièce de Pythagore avec les fruicts de François
Snyders ».

Au sujet de la collaboration de Rubens et de Snyders
dans nombre d'autres tableaux, les érudits ont beaucoup affirmé sans preuves décisives, et nous ne trouvons

les noms des artistes accolés que dans des inventaires tardifs et étrangers à la Flandre.

Un des tableaux offerts à Sir Dudley Carleton le 28 avril 1618, ainsi que des paysages dont il est question dans la lettre déjà citée de Rubens du 26 mai suivant, ont été exécutés en collaboration avec un excellent spécialiste en paysages, qui pourrait bien être Jean Wildens.

Enfin, quatre tableaux avec paysages sont signalés dans la « Spécification » comme étant de Rubens et de Sachtleven : les nos 294, 295, 297 et 298.

Il y a aussi la contribution de nombreux artistes, en 1635, à la décoration des rues d'Anvers, de même, par la suite, leur collaboration à la décoration du pavillon de chasse de la Torre de la Parada, près de Madrid. Il existe plusieurs documents à ce sujet, mais il ne s'agit point là d'une collaboration à des tableaux, mais d'œuvres entièrement faites par des artistes dans leur propre atelier d'après des indications, des projets, des esquisses du maître. Les artistes qui les exécutèrent eurent même le droit de les signer. Plusieurs de ces tableaux subsistent toujours et figurent dans les collections du Prado.

Mais revenons au problème de l'« usine » de Rubens, pour constater que celui-ci doit, en effet, avoir songé durant les années 1618-1622 à s'adjoindre de vrais collaborateurs pour l'exécution des nombreuses commandes d'œuvres qui ne cessaient alors d'affluer d'un peu partout, car c'est l'époque où l'artiste est le plus préoccupé de sa réputation mondiale. Il vient de terminer la construction de son atelier. Il s'entoure de graveurs dont les travaux doivent répandre ses compositions. Il accepte, outre les commandes d'immenses tableaux d'églises, celles de grandes toiles en série, notamment pour les tapisseries et pour la décoration de l'église des jésuites à Anvers, pour l'*Histoire de Marie de Medicis*, peut-être déjà pour l'*Histoire de Henri IV*. C'est le moment où il est surchargé et songe à organiser son travail. Il s'adresse à quelques artistes déjà expérimentés et sollicite leur concours : Van Dyck, Snyders, Paul de Vos et probablement Jean Wildens.

Mais durant ces quelques années, combien de temps chacun de ces artistes a-t-il travaillé avec Rubens? Nul ne pourra répondre s'il s'est agi de mois ou de jours. Par ailleurs que l'on ne nous fasse point dire que Rubens ne s'est fait aucunement aider en d'autres années. Un artiste aussi fécond a dû, en tous temps, avoir besoin d'aides pour lui apprêter panneaux et toiles, palettes et couleurs, brosses et pinceaux, d'autant plus qu'à cette époque, il ne suffisait pas de se rendre chez un marchand d'articles pour artistes pour y trouver tout le matériel nécessaire prêt au travail. Nous savons ainsi que pour *L'assomption*, de la cathédrale Notre-Dame, d'Anvers, Rubens ne se pressait pas d'exécuter. On paya, en 1625, à Adrien Schut huit florins pour enduire le panneau et peindre le cadre en noir, avant que Rubens ne se mît à l'ouvrage.

Il nous reste à verser au dossier un document fort intéressant, dont on ne s'est pas encore servi. Deux feuilles déchirées d'un Registre des ordonnances de la reine Marie de Médicis, qui se sont trouvées dans le commerce et qui ont été publiées dans le « Bulletin Rubens », t. V, 1897, p. 217, contiennent le contrat dressé le 26 février 1622 concernant l'exécution de la décoration des galeries du Palais du Luxembourg de Paris avec ses panneaux représentant les scènes principales de la vie de Marie de Médicis et de Henri IV. Elles renferment la stipulation suivante : « Aussi entend sa majesté ne recepvoir aulcun tableau qui ne soist tout peint de la propre main dudit Rubens pour ce qui concerne les figures, partant promect et s'oblige ledit Rubens de faire et parfaire tous les susdits tableaux. »

Après quoi nous pouvons conclure : celui qui savait peindre comme il le faisait en « fa presto » lorsque son exaltation communiquait à son œuvre toute la fougue de son génie, n'avait que faire d'autres aides que des modestes garçons d'atelier chargés de lui passer les palettes fraîches.

Ceci dit, nous pouvons affirmer que Rubens reste le plus prodigieux créateur de formes vivantes. Cette idée ne devrait jamais quitter l'esprit de quiconque veut se pencher sur l'art de ce tout grand génie.

BIBLIOGRAPHIE SOMMAIRE

Joachim von Sandrart, *Teutsche Akademie der edlen Bau- Bild- und Malereikünste*. Ed. mod. par A.R. Peltzer, Munich, 1925.

E. Fromentin, *Les maîtres d'autrefois*. Paris, 1878. Nombreuses rééd.

Ch. Ruelens et M. Rooses, *Correspondance et documents épistolaires de P.-P. Rubens*. 6 vol. Anvers, 1887-1909.

Max Rooses, *L'œuvre de P.-P. Rubens*. 5 vol. Anvers, 1886-1892.

G. Glück, *Rubens*. Klassiker der Kunst. Stuttgart, 1922.

L. Hourticq, *Rubens*. Paris, 1921.

H.G. Evers, *Rubens*. Munich, 1942.

Leo van Puyvelde, *Rubens*. Bruxelles, 1952. 2e éd. 1964.

Leo van Puyvelde, *Les esquisses de Rubens*. Bâle, 1940. 2e éd. 1947.

G. Glück, *Rubens, Van Dyck und ihr Kreis*. Vienne, 1923.

E. Greindi, *La peinture flamande au XVIIe siècle*. Bruxelles, 1960.

E. Greindl, *Les peintres flamands de nature morte au XVIIe siècle*. Bruxelles, 1956.

Y. Thierry, *Le paysage flamand au XVIIe siècle*. Bruxelles, 1953.

M.L. Hairs, *Les peintres flamands de fleurs au XVIIe siècle*. Bruxelles, 1955. 2e éd. 1965.

S. Speth-Holterhoff, *Les peintres flamands de cabinets d'amateurs au XVIIe siècle*. Bruxelles, 1957.

F.C. Legrand, *Les peintres flamands de genre au XVIIe siècle*. Bruxelles, 1963.

Max Rooses, *Flandre*. Ars Una. Paris, nombreuses éd.

A. Stubbe, *Van Van Eyck tot Permeke*. Bruxelles, 1953.

P. Fierens, *L'art en Belgique*. Bruxelles, 1955.

TABLE DES MATIÈRES